CADERNOS DE PROCESSO DO TRABALHO
N. 19

SENTENÇA E COISA JULGADA

PARTE I

SEÇÃO I

SENTENÇA

Manoel Antonio Teixeira Filho

Advogado — Juiz aposentado do TRT da 9.ª Região – Fundador da Escola da Associação dos Magistrados do Trabalho do Paraná — Professor Emérito do Centro Universitário de Curitiba-Unicuritiba – Professor na Escola da Magistratura do Trabalho do Paraná — Membro do *Instituto Latinoamericano de Derecho del Trabajo y de la Seguridad Social* — do Instituto de Direito Social do Brasil —da *Société Internacionale de Droit du Travail et de la Sécurité Sociale* — do Instituto dos Advogados do Paraná — da Academia Nacional de Direito do Trabalho — da Academia Paranaense de Letras Jurídicas – do Instituto dos Advogados de São Paulo.

CADERNOS DE PROCESSO DO TRABALHO N. 19

SENTENÇA E COISA JULGADA

PARTE I

SEÇÃO I

SENTENÇA

De acordo com a Lei n. 13.467/2017 ('Reforma Trabalhista')

EDITORA LTDA.

© Todos os direitos reservados

Rua Jaguaribe, 571
CEP 01224-003
São Paulo, SP — Brasil
Fone (11) 2167-1101
www.ltr.com.br
Outubro, 2018

Produção Gráfica e Editoração Eletrônica: PIETRA DIAGRAMAÇÃO
Projeto de capa: FABIO GIGLIO
Impressão: BOK2

Versão impressa— LTr 6019.9 — ISBN 978-85-361-9858-3
Versão digital— LTr 9475.8 — ISBN 978-85-361-9879-8

Dados Internacionais de Catalogação na Publicação (CIP)

(Câmara Brasileira do Livro, SP, Brasil)

Teixeira Filho, Manoel Antonio

Cadernos de processo do trabalho, n. 19: sentença e coisa julgada: parte I: seção I: sentença: de acordo com a Lei n. 13.467/2017 ('reforma trabalhista') / Manoel Antonio Teixeira Filho. – São Paulo: LTr, 2018.

Bibliografia.

ISBN 978-85-361-9858-3

1. Coisa julgada (Processo civil) 2. Direito processual do trabalho 3. Direito processual do trabalho – Brasil 4. Sentenças (Direito) I. Título.

18-20913   CDU-347.9:331(81)

Índice para catálogo sistemático:

1. Brasil: Direito processual do trabalho 347.9:331(81)

Cibele Maria Dias - Bibliotecária - CRB-8/9427

SUMÁRIO

Parte I

Capítulo I – Os atos do juiz...9
    1. Sentença 11
    2. Decisão interlocutória 15
    3. Despachos 18

Capítulo II – Conceito de sentença 23

Capítulo III – Natureza jurídica 28
    1. Introdução 28
    2. Condição jurídica da sentença recorrível................................31

Capítulo IV – Classificação 34
    1. Sentença declaratória 35
    2. Sentença constitutiva 37
    3. Sentença condenatória 38
    4. Sentença mandamental 42
    5. Sentença executiva 44
    6. Sentença normativa 46
    7. Classificação 48

Capítulo V – Sentença definitiva e sentença terminativa 52
    1. Sentença definitiva 52
        1.1. Mérito e relação de emprego..61
        1.2. Extinção do processo 64
    2. Sentença terminativa 70
        2.1. Extinção do processo 73
        2.2. Uma nota incidental sobre a decadência e a prescrição......79
        2.3. Uma nótula sobre o procedimento inadequado.............80
        2.4. Consequência da extinção do processo sem resolução do mérito.....92
        2.5. A atuação do juiz 92

Capítulo VI – Finalidade da sentença 95
    1. Aplicação das normas legais 96
    2. Criação do direito 97
    3. Realização da justiça 98

Capítulo VII – Requisitos essenciais 101
    1. Requisitos estruturais 101
        1.1. Relatório 101
        1.2. Fundamentação 104
            1.2.1. O § 1.º do art. 489, do CPC, e o processo do trabalho 110
    2. Requisitos de dicção 114
        2.1. Clareza 114
        2.2. Certeza 116
        2.3. Exaustividade 119
        2.4. Adequação 120

PARTE I

PART I

Capítulo I

OS ATOS DO JUIZ

O processo, conforme pudemos assinalar, diversas vezes, constitui o método de solução estatal (logo, heterônomo) dos conflitos de interesses juridicamente tuteláveis, estabelecidos entre os indivíduos ou as coletividades. Ao juiz, em especial, a tradição e as leis reservaram a relevante função de condutor, de reitor exclusivo do processo.

Como, por outro lado, o escopo das partes é, em princípio, o conseguimento de uma sentença de mérito, que componha a lide, podemos dizer que todos os atos que o juiz pratica no processo, ou manda praticar, se destinam, direta ou indiretamente, a preparar o provimento jurisdicional de fundo. Mesmo um simples despacho, que defira a juntada de documentos, ou a indefira, está intimamente ligado ao objetivo processual de que falamos. Em um certo sentido, o próprio despacho que defere, por exemplo, o adiamento de uma audiência não se afasta desse propósito de preparação da sentença de mérito, pois, não raro, o adiamento visa a permitir a uma das partes, ou a ambas, realizar determinados atos vinculados a esse acontecimento mais importante do processo, ao seu momento de culminância, que é o da prolação da sentença de mérito.

Levando em conta essa estreita relação entre o ato e o fim do processo, parece-nos também correto afirmar que toda vez em que o ato não se vincular, ainda que obliquamente, com o objetivo do processo — segundo as particularidades do caso concreto — a sua prática deve ser evitada pelo juiz, ou por este inibida (se a iniciativa for das partes), pois faltará a esse ato o requisito imprescindível da necessidade ou da utilidade, capaz de justificar a sua realização. Se, *e. g.*, a matéria que dá conteúdo à ação é daquelas a que se costuma designar de "exclusivamente de direito", de nenhuma utilidade será para o processo a realização de audiência destinada à instrução oral; o mesmo se diga de um despacho que defere a produção de prova testemunhal quando o fato somente possa ser provado mediante exame pericial, por força de lei.

Em suma, o ato processual só deve ser praticado pelo juiz, pela parte, pelo perito, ou por quem quer que seja, quando atender a dois requisitos fundamentais: a) guardar pertinência com o escopo do processo, tendo em vista o caso concreto; b) ser, além disso, relevante, pois é conhecida a existência de atos que, a despeito de estarem ligados ao fim do processo, são absolutamente irrelevantes, despiciendos. É óbvio que, em qualquer hipótese, se deverá ter em mente os princípios que dizem respeito às preclusões temporal, lógica e consumativa, de cujas consequências somente pode escapar o juiz e, ainda assim, em certas situações particulares. Em certos casos, a validade do ato está submetida ao imperativo da forma, como se dá, por motivos plenamente justificáveis, com a sentença.

Não nos interessam, todavia, por ora, esses aspectos formais, pois está em nossa intenção, apenas, demonstrar os atos que o juiz pode (e, muitas vezes, deve) realizar no processo, bem como o conceito e finalidade que a cada um corresponde.

O CPC de 2015 preferiu falar não em *atos*, mas em *pronunciamentos* do juiz (art. 203). Não nos pareceu correta essa modificação terminológica, porquanto há situações em que o magistrado pratica, efetivamente, *ato*, não realizando *pronunciamentos*. Cite-se, como corolário, o interrogatório das partes, a inquirição das testemunhas, dos peritos, e a própria inspeção judicial (art. 481).

O art. 203, do CPC, declara constituírem pronunciamentos do juiz: a) as sentenças; b) as decisões interlocutórias; e c) os despachos. É evidente que o vocábulo *sentenças* foi aí utilizado no sentido lato, por forma a compreender, também, os acórdãos – julgamentos colegiados proferidos pelos tribunais (CPC, art. 204).

O mesmo podemos dizer com relação aos despachos. Não se trata somente de despachos ordinários ou de expediente, mas, por igual, dos denominados *despachos-decisórios* (ou despachos resolutivos ou decisões).

Com efeito, há certos atos do juiz que, embora apresentem a forma de despacho, têm manifesto conteúdo de decisão. Exemplo característico é o que denega a admissibilidade de recursos e que, por ser exatamente dotado de nítido traço decisório, pode ser impugnado por meio do recurso de agravo de instrumento (CLT, art. 897, "b"). Voltaremos ao assunto mais adiante, quando nos ocuparmos da conceituação dos vários atos judiciais.

Após haver classificado os pronunciamentos do juiz, o art. 203, do CPC, passou a conceituá-los. Veja-se: "§ 1º Ressalvadas as disposições expressas dos procedimentos especiais, *sentença* é o pronunciamento por meio do qual o juiz, com fundamento nos arts. 485 e 487, põe fim à fase cognitiva do procedimento comum, bem como extingue a execução. § 2º *Decisão interlocutória* é todo pronunciamento judicial de natureza decisória que não se enquadre no § 1º. § 3º São *despachos* todos os demais pronunciamentos do juiz praticados no processo, de ofício ou a requerimento da parte" (destacamos).

Essa conceituação legal, entretanto, está a merecer alguns reparos, do ponto de vista doutrinário, conforme procuraremos demonstrar, a seguir.

Desatento à advertência oriunda das fontes romanas, de que toda definição em Direito (civil) é perigosa (*omnis definitio in ius civile periculosa est*), o legislador processual civil brasileiro estabeleceu, como vimos, os conceitos de sentença, de decisão interlocutória e de despacho. Melhor teria feito, contudo, se deixasse essa tarefa à doutrina, sabendo-se que esta, em regra, é mais científica do que a lei.

1. Sentença

O vocábulo *sentença* é originário da forma latina *sententia* (de *sentio, is si sum, ire* = sentir). Por esse motivo, em Roma, a sentença traduzia o sentimento, a impressão do julgador acerca dos fatos e dos direitos alegados pelos litigantes. Não se tratava, por isso, de uma insensível dicção jurisdicional, porquanto dotada de uma certa carga de sentimentos pessoais do juiz. Como acentua Lauterbach, por meio da sentença, o juiz declarava o que sentia: *quod iudex per eam quid sentiat declaret* (*Colleg. Pandect*, Livro 42, Título 1, § 1.º).

Os romanos, por outro lado, separavam, com nitidez, a *sententia* da *interlocutio*, pois enquanto aquela expressava a opinião do magistrado sobre o mérito da causa, esta correspondia ao ato pelo qual ele resolvia, no curso do processo, as diversas *locuções* apresentadas pelos demandantes.

Posteriormente, por influência do direito germânico, o vocábulo *sentença* passou a ser utilizado para significar toda e qualquer decisão tomada pelo juiz, no curso do processo ou no final deste. Daí as expressões "sentença definitiva" e "sentença interlocutória", muito em voga no período. O efeito prático dessa ampliação do conceito de sentença pôde ser verificado com o fato de haver-se permitido a impugnação, mediante recurso, das *interlocutiones*.

Classicamente, porém, a sentença sempre foi entendida como o pronunciamento jurisdicional que acarretava a extinção do processo com julgamento do mérito. Isso era o que ocorria no direito romano, antes da referida influência do direito germânico. Percebe-se, desse modo, que não foi doutrinalmente correto o conceito de sentença, elaborado pelo art. 162, § 1.º, do CPC de 1973, de nosso país, em sua redação original, na medida que denominava de sentença também o ato pelo qual o juiz punha fim ao processo, mesmo sem julgamento do mérito.

Não podemos deixar de reconhecer, todavia, que sob o aspecto prático esse critério era muito útil, pois, no sistema do diploma processual de 1939, adotavam-se as denominações de sentença definitiva e de sentença terminativa, conforme o ato judicial desse cobro ao processo com exame do mérito, ou não, respectivamente, sendo que, no primeiro caso, caberia apelação e, no segundo, agravo de petição.

Pelo digesto de processo civil de 1973, o recurso interponível seria sempre o de apelação, houvesse a sentença se pronunciado sobre o mérito da causa, ou não. Mesmo no caso do art. 325 estávamos diante de uma sentença típica, segundo o conceito enunciado pela antiga redação do art. 162, § 1.º, ainda que a norma legal falasse em sentença "incidente". Não se trata de impropriedade terminológica do legislador, como se pudesse imaginar — supondo-se que fosse o caso de decisão interlocutória, em decorrência do adjetivo *incidente*, posposto ao substantivo *sentença* —, porquanto o ato do juiz, na espécie, era, efetivamente, sentença, fosse porque emitida em virtude de ação declaratória incidental (CPC, art. 5.º), fosse porque era apelável (CPC, art. 513).

Posteriormente, a redação do § 1.º do art. 162, do CPC de 1973, passou a ser seguinte: "Sentença é o ato do juiz que implica algumas das situações previstas nos arts. 267 e 269 desta Lei". A reformulação do antigo conceito de sentença, enunciado nesta norma legal, deveu-se ao fato de a Lei n. 11.232/2005 haver trazido para o processo de conhecimento a execução de título executivo, por quantia certa, contra devedor privado, num sincretismo algo inusitado para a nossa realidade. Em decorrência disso, a sentença não mais poderia ser conceituada, necessariamente, como o ato pelo qual se punha fim ao processo, pois, doravante, a sentença proferida no processo de conhecimento não extinguia este processo, porquanto seria executada nos mesmo autos, sob a denominação – algo eufemística, aliás – de "cumprimento da sentença". Daí, a reengenharia feita pelo legislador, no tocante à nova redação do § 1.º do art. 162, daquele CPC.

O CPC de 2015, conforme pudemos ver há pouco, *conceitua a sentença* como o pronunciamento por meio do qual o juiz, com fundamento nos arts. 485 e 487, põe fim à fase cognitiva do procedimento comum, bem como extingue a execução (art. 203, § 1.º). Como se percebe, o legislador teve de fazer uma espécie de "malabarismo" para construir um conceito que abarcasse, ao mesmo tempo, o cumprimento da sentença e a execução.

Essa atitude do legislador processual civil da atualidade causou uma turbulência nos domínios do processo do trabalho, considerando-se o fato de que: a) aqui, não há conceituação de sentença; b) também não se poderia adotar o conceito enunciado pelo art. 203, § 1.º, do CPC, porque o processo do trabalho não conta com o procedimento do *cumprimento da sentença*, uma vez que não realizou o sincretismo entre cognição e execução, operado pelo processo civil. Basta ver que a CLT trata desses dois processos em capítulos distintos, sendo certo que, findo o de conhecimento, o executado será *citado* (e não, intimado) para o de execução (CLT, art. 880). Por esse motivo, já em livros anteriores sugerimos que se mantivesse, no processo do trabalho, por força de recepção tácita, o antigo conceito de sentença, estampado no art. 162, § 1.º, do CPC de 1973, qual seja: "ato pelo qual o juiz põe fim ao processo, examinado, ou não, o mérito da causa". Retocamos, agora, essa proposição, para conceituar a sentença como o "o ato pelo qual o juiz põe fim ao processo de conhecimento ou à execução, ou resolve os embargos do devedor".

Permitam-nos a ironia, mas se o processo civil resolveu trocar os móveis de sua casa, isso não significa que devamos também trocar os nossos.

O que não se justifica, nos tempos modernos, é a expressão "sentença interlocutória", pela manifesta contradição que ela encerra em seus termos. Realmente, se, de um lado, sentença, na definição que propusemos, é o ato pelo qual o juiz põe fim ao processo de conhecimento (pouco importando, para esse efeito, se com ou sem exame do mérito) ou de execução, ou resolve os embargos do devedor, e, de outro, decisão interlocutória é o ato pelo qual ele resolve certos incidentes processuais, constitui ilogismo inescusável o emprego da aludida expressão.

O processo do trabalho, todavia, denomina de sentença determinados atos que, em rigor, não o são, seja sob o ângulo óptico da doutrina ou da própria lei. No art. 884, §§ 3.º e 4.º, por exemplo, há referência à "sentença" de liquidação. Ora, se sentença é, essencialmente, o ato judicial dotado de aptidão (sendo esse, além disso, o seu objetivo) para dar fim ao processo, é óbvio que não se pode chamar de sentença o ato pelo qual o juiz aprecia os cálculos, para definir o *quantum debeatur*, a fim de tornar, com isso, exigível o título executivo, pois não se insere no escopo desse pronunciamento a extinção do processo (de execução), mas, ao contrário, a continuidade deste processo, mediante a "quantificação" do valor da dívida. Dessa maneira, o que a lei designa de "sentença de liquidação" é, na verdade, uma *decisão liquidatária*, assinalada por acentuado traço de interlocutoriedade, não tanto pelo seu conteúdo, mas pelo fato de não poder ser objeto de impugnação autônoma e imediata. Esse ato, como é de lei (*ibidem*, § 3.º), somente poderá ser atacado na oportunidade dos embargos do devedor.

O mesmo se pode dizer, *mutatis mutandis*, do ato pelo qual o órgão de primeiro grau resolve as exceções de suspeição, impedimento e incompetência, que, por não comportar impugnação autônoma pela senda dos recursos, não pode ser considerado sentença, exceto se, com relação à incompetência, for "terminativo do feito" (CLT, art. 799, § 2.º).

Deve ser feita aqui, ainda, uma necessária separação dos conceitos de *sentença* e de julgamento, não em nome de um capricho doutrinal, mas tendo em conta as relevantes necessidades de ordem prática, a que essa delimitação visa a atender. *Julgamento*, na terminologia do processo, é o ato pelo qual se decide alguma coisa. Apresenta, por isso, sinonímia com decisão. Já a sentença é o ato formal que traduz ou espelha, detalhada e fundadamente, o julgamento e seu resultado. No plano do processo do trabalho essa dissociação de conceitos era importante, pois, em virtude da, então, peculiar composição colegiada dos órgãos de primeiro grau de jurisdição, o julgamento (= decisão) deveria ser realizado, como queria a lei, pelos juízes classistas (CLT, art. 850, parágrafo único), cabendo ao juiz togado a elaboração da sentença. Este apenas participaria do julgamento para desempatar ou "proferir decisão que melhor atenda ao cumprimento da lei e ao justo equilíbrio entre os votos divergentes e ao interesse social" (*ibidem*). Em resumo, o juiz togado somente votaria em situações extraordinárias, legalmente previstas.

Sabemos, a propósito, que determinados juízes togados, insatisfeitos com a votação convergente dos classistas, cometiam a estes, às vezes (como absurda represália), o encargo de redigirem a sentença. *Data venia*, como esclarecemos há pouco, a elaboração da sentença constitui atribuição indelegável do juiz togado, até porque esta consiste num ato formal, que deve conter o relatório, a fundamentação e o dispositivo, motivo por que esses requisitos formais jamais poderiam ser respeitados pelos juízes classistas, de quem não se exigia nenhum conhecimento ou formação jurídica para o exercício das funções (CLT, art. 661). Destarte, impor-lhes a redação da sentença correspondia, não apenas, a violentar os princípios e o bom senso, como a incentivar a emissão de sentenças virtualmente nulas, pela falta de requisitos essenciais.

Extinta a representação classista, pela Emenda Constitucional n. 20/98, o julgamento e a sentença constituem, hoje, obra exclusiva do magistrado. Como sempre deveria ter sido, aliás.

Dessa forma, quando o art. 832, da CLT, alude aos requisitos da decisão, há que se entender que a referência é à sentença, pois, como afirmamos, decisão e julgamento são vocábulos sinônimos, na ordem processual. O processo civil, mais científico, diz dos requisitos da sentença (CPC, art. 489), conquanto, a nosso ver, tenha desbordado do bom senso no § 1.º dessa norma legal.

A teor do art. 204 do mesmo diploma processual, recebe o nome de acórdão o julgamento colegiado proferido pelos tribunais. Há, nisso, uma patente imprecisão de conceito, dado que encambulha os de acórdão e de julgamento. Quando o tribunal (Pleno, Turmas, Seções Especializadas etc.), em suas sessões, realiza julgamentos, o que ele faz é *decidir* sobre as matérias submetidas à sua cognição. Nas sessões o que há, portanto, são *julgamentos* (ou *decisões*); os *acórdãos* correspondentes serão elaborados posteriormente e publicados. Até onde sabemos, nas sessões colhem-se os votos dos integrantes do colegiado, cabendo ao relator, ao revisor ou ao redator designado, conforme seja o caso, confeccionar, mais tarde, no prazo regimental, o pertinente *acórdão*. Segue-se, que, rigor à frente, não se pode aceitar a afirmação constante do art. 204 do CPC, de que acórdão é o *julgamento* efetuado pelos tribunais. É, isto sim, o espelho formal do *resultado* do julgamento. Ninguém, por certo, haverá, *v. g.*, de atrever-se a apresentar embargos de declaração ao *julgamento*, sabendo-se que o destinatário desses embargos, no caso, é o acórdão.

A propósito, um outro equívoco em que soem incidir os redatores dos acórdãos, quando o colegiado nega provimento ao recurso, consiste em fazer uso da fórmula estereotipada: "mantenho a sentença por seus próprios fundamentos". Há aqui, na verdade, dois erros. Em primeiro lugar, sempre que o acórdão julga o mérito, a sentença deixa de existir, desaparece do mundo jurídico (conquanto permaneça nos autos), pois, nos termos do art. 1.008, do CPC, " julgamento proferido pelo tribunal *substituirá* a decisão impugnada no que tiver sido objeto do recurso" (destacamos). Logo, sob a perspectiva do processo, há um ilogismo intransponível na mencionada fórmula judiciária. Em segundo, a expressão: "por seus próprios" (fundamentos) é pleonástica; ou se diz: "por seus fundamentos", ou "pelos próprios fundamentos". A despeito disto, nenhuma dessas expressões se salva, pois, como ressaltamos, o acórdão substitui a sentença.

2. Decisão interlocutória

Ficou demonstrado, no item anterior, que os romanos distinguiam a sentença da *interlocutio*, pois esta correspondia às decisões tomadas pelo juiz, no curso do processo, acerca das locuções formuladas pelos litigantes. Daí a conhecida definição de Lauterbach: *"sententia interlocutoria est illa qua super incidentibus et emergentibus processus pronunciatur"* (*op. cit.*). Note-se que aí se fala de "sentença interlocutória" — locução que, nos tempos modernos, apresenta uma contradição entre os termos com que foi elaborada.

Em sentido amplo, o vocábulo *decisão* designa todo pronunciamento realizado pelo juiz, no processo. A expressão *decisão interlocutória* apresenta, contudo, um sentido mais estrito, porquanto traduz, somente, os atos do juiz, praticados no curso processual, destinados a resolver questões incidentes (art. 162, § 2.º, do CPC de 1973). O CPC de 2015 apresenta um conceito vago dessa espécie de decisão, limitando-se a dizer que é "todo pronunciamento jurisdicional que não se enquadre no § 1.º", ou seja, que não se amolde ao conceito de sentença. Trata-se, pois, de *conceito por exclusão*: o que não for sentença, será *decisão interlocutória*. O traço característico da decisão interlocutória é o seu caráter *incidental*, razão pela qual teria agido melhor o legislador processual civil de 2015 se mantivesse o antigo conceito de decisão interlocutória, como se encontrava estampado no art. 162, § 2.º, do CPC de 1973.

A propósito, o CPC de 2015 foi levado a reformular ou a retocar o conceito de algumas das figuras que o integram, em decorrência da alteração estrutural por ele empreendida. Isso se deu, por exemplo, com o sincretismo realizado pelo CPC de 1973, consistente em trazer para o terreno do processo de conhecimento a clássica execução por quantia certa fundada em título executivo judicial. O irônico desse fato é que, como o processo do trabalho não realizou esse sincretismo – pois os processos de conhecimento e de execução continuaram a ser, legalmente, tratados de maneira autônoma – o novo conceito de sentença, efetuado pelo CPC, não lhe calhou bem, sendo, por isso, conveniente manter o que havia sido formulado pelo processo civil antes do precitado sincretismo.

Há que se entender como *incidente* (do latim *incidere* = interromper, sobrevir), para efeito processual, todo fato superveniente, que, tendo ou não ligação com o mérito da causa, necessita ser resolvido pelo juiz. Nem toda questão incidente, entretanto, é solucionada por meio de decisão interlocutória. Se, por exemplo, for arguida a incompetência *ratione materiae* do órgão de primeiro grau da Justiça do Trabalho e essa alegação vier a ser acolhida, de modo a implicar a remessa dos autos para a Justiça Comum, o ato da Vara, aqui, será não uma decisão interlocutória, mas sentença que, por ser "terminativa do feito" (CLT, art. 799, § 2.º), será recorrível. Se a alegação de incompetência fosse rechaçada, teríamos uma situação característica de decisão interlocutória e, como tal, irrecorrível de maneira imediata e autônoma.

Questão incidental é, conseguintemente, todo fato trazido ao conhecimento do juiz, no curso do processo, sobre o qual se estabelece, em regra, controvérsia, que deve ser apreciada antes do proferimento da sentença de fundo. O ato do juiz, que resolve esse incidente, será sentença ou decisão interlocutória, conforme ponha fim, ou não, respectivamente, ao processo.

Os incidentes, por sua natureza, implicam direta e imediata repercussão no procedimento tendente à emissão da sentença de mérito, retardando-o, ou, mesmo, suspendendo-o, como se dá no caso do art. 313 do CPC. Nem todo retardamento do procedimento, contudo, provém de incidentes; uma audiência, p. ex., pode ser adiada, ainda que contra a vontade de uma das partes, por ato do juiz — que será um despacho e não uma decisão interlocutória.

Podemos dizer, portanto, de maneira singela, que interlocutórias são as decisões sobre questões incidentes, que não acarretam a extinção do processo. Se a decisão a respeito dessas questões provocar, ao contrário, o fim do processo, deveremos denominá-la de sentença, até porque, de acordo com o conceito firmado pelo art. 162, § 1.º, do digesto processual civil de 1973, em sua redação primitiva (incorporada, pela praxe, ao processo do trabalho) a sentença é o ato judicial capaz de extinguir o processo, mesmo sem exame do mérito.

Na vigência do CPC de 1973, escrevemos: "Não podemos confundir, todavia, as *questões incidentais* com as *questões prejudiciais*, de que se ocupa o art. 5.º do diploma processual civil. Dispõe esta norma que, se, no curso do processo, se tornar litigiosa relação jurídica de cuja existência ou inexistência depender o julgamento da lide, qualquer das partes poderá requerer que o juiz a declare por sentença. Traduzindo esse pedido da parte autêntica ação declaratória incidental, é evidente que o ato jurisdicional que o apreciar será uma sentença e não decisão interlocutória, porquanto estará apreciando o mérito dessa ação posta *incidenter tantum* e com sentido virtualmente prejudicial do mérito da ação principal. O art. 325 do CPC reforça a natureza de sentença desse pronunciamento do juiz, adjetivando-a, aliás, muito apropriadamente, de *incidental*. Pensamos, no entanto, que se o juiz indeferir, liminarmente, o pedido de declaração incidental esse seu ato terá nítidos contornos de decisão interlocutória, hipótese em que não ensejará a interposição de recurso" (*A Sentença no Processo do Trabalho*. 5. ed. São Paulo: LTr, 2017. p. 200).

O CPC de 2015, entretanto, eliminou a ação declaratória incidental, que se tornou desnecessária em face da disposição do art. 503, § 1.º. O *caput* dessa norma afirma que a decisão que julgar, no todo ou em parte, o mérito possui força de lei nos limites da questão principal expressamente decidida, declarando, o § 1.º, que "O disposto no *caput* aplica-se à resolução da questão prejudicial, decidida expressa e *incidentalmente* no processo, se: I – dessa resolução depender o julgamento do mérito; II – a seu respeito tiver havido contraditório prévio e efetivo, não se aplicando no caso de revelia; III – o juízo tiver competência em razão da matéria e da pessoa para resolvê-la como questão principal" (destacamos).

Para o processo do trabalho, a separação entre sentenças e decisões interlocutórias apresenta um especial interesse, pois vigora aqui, com relação a estas últimas, o princípio da irrecorribilidade autônoma e imediata (CLT, art. 893, § 1.º). O intuito do legislador processual trabalhista — acentuado pela doutrina e pela jurisprudência — foi o de não permitir que a possibilidade de interposição de recurso das decisões interlocutórias acarretasse um retardamento da entrega da prestação jurisdicional respeitante ao mérito, razão pela qual vetou essa impugnação imediata e autônoma, diferindo-a para o momento do ataque à sentença.

É certo, entretanto, que esse princípio — como todos, diga-se — não é inflexível, comportando, por isso, exceções, ainda que raras. Uma delas diz respeito ao valor da causa fixado pelo juiz, quando a inicial for omissa nesse ponto. Dispõe a Lei n. 5.584/70 que, em audiência, ao aduzir razões finais, qualquer das partes poderá impugnar o quantum arbitrado à causa, pelo juiz, e, se este o mantiver, pedir revisão dessa decisão, no prazo de quarenta e oito horas, ao Presidente do Tribunal. Não há dúvida que essa decisão do juiz de primeiro grau tem caráter interlocutório, pois concerne a um fato superveniente e controvertido, qual seja, o relativo ao valor fixado para a causa. O pedido de revisão, que a parte formula ao Presidente do Tribunal, possui forte traço de recurso (*sui generis*, embora), que pode ser ressaltado pela possibilidade de modificação do valor estabelecido pelo juiz de primeiro grau.

O essencial, entrementes, a ser sublinhado, repousa no reconhecimento da utilidade indiscutível do princípio da irrecorribilidade das decisões interlocutórias, como providência destinada a evitar que os incidentes embaracem o livre curso do procedimento, em seu objetivo de preparar o advento da sentença de mérito, seu ponto de culminância. Desse modo, a decisão que resolver o incidente de falsidade documental, assim como a que se manifestar sobre o pedido de exibição incidental de documentos (CPC, art. 400), ou, ainda, a que repelir ou acolher a alegação de incompetência (salvo se, quanto a esta, for terminativa do feito), de impedimento ou de suspeição, ou a que, de qualquer forma, perpetrar restrição ou cerceamento ao direito de defesa, somente poderá ser impugnada, em princípio, segundo o sistema do processo do trabalho, quando do recurso que vier a ser interposto da sentença, seja esta de mérito, ou não.

Sob o aspecto formal, as decisões interlocutórias não precisam conter os requisitos próprios das sentenças, exigidos pelo art. 489 do CPC, podendo ser redigida de forma concisa. Essa concisão não significa, porém, que possam prescindir de fundamentação. Cabe lembrar que a fundamentação de qualquer decisão jurisdicional constitui exigência que vem do próprio texto constitucional (art. 93, IX), sob pena de nulidade (*ibidem*).

José Frederico Marques cogita da existência do que chama de "incidentes posteriores à sentença", representados, segundo sua óptica, notadamente, pela correção de inexatidões materiais da sentença (CPC, art. 494, I) e pelos embargos de declaração (CPC, art. 1.022, III).

Divergimos, *venia permissa,* do entendimento desse notável jurista. A nosso ver, a existência, tanto de erros de cálculo, de escrita, de datilografia, ou de qualquer outra inexatidão material, bem como de omissão, contraditoriedade ou obscuridade, existentes na sentença, não configuram *incidentes*, segundo a acepção que o vocábulo sugere ao particularismo da terminologia processual. Nem possui o caráter de decisão interlocutória o ato pelo qual essas imperfeições da sentença são eliminadas.

Na verdade, tanto a petição destinada a corrigir as inexatidões materiais quanto os embargos declaratórios constituem providências destinadas, exclusivamente, a corrigir certas falhas de expressão material do pronunciamento jurisdicional, com o fito de complementá-lo ou de torná-lo inteligível, lógico, definido e o mais. O despacho pelo qual o juiz sana as imperfeições materiais do julgado, assim como a sentença declarativa, não tendem a preparar a sentença de mérito, senão que já a encontram lançada nos autos e a ela se integram, para formar um corpo único, e, dessa forma, ensejar que possa ser impugnada por meio de recurso ou remetida para a fase de execução.

Concordamos com Frederico Marques, no entanto, quando dispensa à liquidação da sentença o tratamento de incidente.(*Manual*, p. 76/79) Ocorre que, no plano do processo do trabalho, a decisão pela qual o juiz define o *quantum debeatur*, para, com isso, tornar o título executivo jurisdicional exigível, é de conteúdo interlocutório, seja porque resolve uma controvérsia surgida no curso do processo (na fase intermédia, que vai do trânsito em julgado da sentença ao início da execução, propriamente dita), seja porque essa decisão não pode ser impugnada de modo imediato e autônomo, mas, apenas, como tantas vezes sublinhamos, na fase dos embargos do devedor, sejam estes oferecidos, ou não (CLT, art. 884, § 3.º).

No âmbito dos tribunais, as questões incidentais serão processadas perante o relator e decididas pelo Plenário, pelas Turmas ou pela Seção Especializada, conforme seja o caso, segundo dispuser o Regimento Interno.

3. Despachos

O Código de Processo Civil, após haver formulado os conceitos de sentença e de decisão interlocutória (art. 203, §§ 1.º e 2.º), afirma serem despachos "todos os demais pronunciamentos do juiz praticados no processo, de ofício a requerimento da parte.

Na verdade, os despachos, em sua essência, são atos que o juiz realiza, por sua iniciativa ou a requerimento do interessado, com a finalidade de propulsionar o procedimento, de conduzi-lo ao seu objetivo fundamental, que é o de preparar ou provocar o advento da sentença — idealmente, de mérito. Rememoremos que o vocábulo *processo* (do latim *processus*), significa, etimologicamente, "caminhar adiante, seguir em frente". É inerente, portanto, ao conceito de processo judicial essa ideia de seguir adiante, em direção à sentença. O ato pelo qual o juiz impulsiona o processo recebe a denominação de despacho. Focalizando o assunto por outro ângulo, podemos asseverar que os despachos constituem o elemento material, visível, da presença do juiz, na qualidade de condutor do processo.

A revelação do elemento teleológico natural do despacho torna compreensível o fato de, em regra, ele ser provido de um caráter ordinatório do procedimento, motivo por que a lei, a doutrina e a jurisprudência costumam denominá-lo *de expediente* ou *de mero expediente,* pois nessas expressões está implícito o seu sentido de dar propulsão ao procedimento.

Quando o juiz, *e. g.*, defere ou indefere a juntada de documentos, ordena a intimação de testemunhas, abre prazo para que as partes se manifestem sobre o laudo pericial ou sobre os cálculos do contador, designa audiências, determina a condução coercitiva de testemunhas etc., está praticando atos necessários ao tramitar evolutivo do procedimento, atos a que se designa de despachos ordinatórios, de expediente ou de mero expediente. Os despachos refletem, assim, a rotina do juiz no processo.

Dada a sua natureza e finalidade, os despachos ordinatórios não estão sujeitos ao imperativo da forma, ao contrário, portanto, do que ocorre com a sentença. Exige a lei, unicamente, que eles sejam redigidos, datados e assinados pelo juiz (CPC, art. 205). Cabe aqui, todavia, um esclarecimento. A norma legal deve ser adequadamente inteligida, na parte em que alude à redação do despacho. Embora redigir signifique, sem maiores rebuços, escrever, não se deve entender que o juiz deva, sempre, redigir os despachos; o que dele se requer é que os elabore, ou seja, que os despachos sejam produto de sua cerebração, na medida em que é indelegável o exercício das funções jurisdicionais. Desse modo, nada impede que o juiz elabore (= produza) o despacho, em forma de minuta, e determine ao datilógrafo ou a qualquer outro funcionário que o redija (à máquina ou no computador) em definitivo ("passe-o a limpo", como se costuma dizer). Entretanto, o § 4.º do art. 205, do CPC, sem contrariar as opiniões que acabamos de emitir, estabelece que os atos meramente ordinatórios, como a juntada e a vista obrigatória "independem de despacho, devendo ser praticados de ofício pelo servidor e revistos pelo juiz quando necessário".

Não constituindo um ato formal, como dissemos, o despacho pode ser redigido segundo critério pessoal de cada juiz. O importante é que se apresente legível e inteligível. Daí por que não é aconselhável que seja manuscrito, sob pena de impedir ou de dificultar o que dele consta. A vida forense tem demonstrado, com certa frequência, que os juízes afeitos a lançar, manualmente, despachos, o fazem, quase sempre, de forma ilegível, obrigando as partes, em razão disso, a solicitar a alguns funcionários do juízo que "interpretem" aquelas garatujas judiciais. Em alguns casos, o resultado dessa interpretação não coincide com o verdadeiro conteúdo do despacho, induzindo a parte em erro.

Uma outra característica dos despachos do tipo ordinatório consiste na ausência de preclusão. Isso significa que o juiz pode revogar despachos por ele proferidos, ou, mesmo, por outro juiz, no processo. Algumas vezes, por exemplo, o juiz, examinando melhor os autos, entende desnecessária a realização de exame pericial já deferido (por ele ou por outro magistrado que tenha atuado no feito), mas ainda não realizado; diante disso, nada o impede de revogar aquele despacho. A parte que discordar dessa revogação poderá, no momento oportuno, manifestar o seu "protesto", por restrição do direito de defesa e arguir a nulidade do processo, a partir desse ato judicial, caso a sentença lhe seja desfavorável, nesse ponto.

Aliás, não são apenas os despachos que podem ser revogados pelo juiz (*ex officio* ou a requerimento da parte interessada): a decisão concessiva de tutela provisória pode, a qualquer tempo, ser revogada ou modificada (CPC, art. 296, *caput*). O mesmo se afirme quanto à decisão pela qual o juiz admite ou denega a admissibilidade de recurso.

Em princípio, os despachos ordinatórios são irrecorríveis. (CPC, art. 1.001). Não fosse assim, o procedimento teria o seu curso constantemente comprometido pelos diversos recursos que seriam interpostos dos meros despachos de expediente, fazendo com que se instalasse um tumulto inextricável, que traria, como consequência, um considerável retardamento na entrega da prestação jurisdicional. Por outras palavras, a eventual possibilidade de serem os despachos impugnados pela via dos recursos constituiria um extraordinário estímulo para o litigante que estivesse com o espírito tomado pela ideia de procrastinação.

Dir-se-á, contudo, que há despachos recorríveis, por expressa disposição de lei. Não o negamos. Devemos, apenas, alertar para o fato de que não se trata de despachos ordinatórios ou de mero expediente, com os quais estivemos a ocupar-nos até esta parte. Essa classe especial de despachos, a que a lei dedicou muito pouca — ou, praticamente, nenhuma — atenção, possui natureza híbrida, *sui generis*, formada pela influência, de um lado, dos despachos típicos, e, de outro, das decisões, motivo pelo qual os denominamos de d*espachos decisórios* ou de d*espachos resolutivos,* conquanto nenhuma afronta aos princípios se os denominássemos de *decisões monocráticas*.

É inegável que os despachos ordinatórios contêm uma certa carga de decisão, ainda que tênue. Quando o juiz, p. ex., determina a juntada de documentos aos autos, ou o comparecimento das partes à audiência, para serem interrogadas, é elementar que há, nesse seu ato (despacho), uma carga, embora pequena, de decisão. Em rigor, aliás, raramente o juiz praticará, no processo, um ato que não derive de uma sua decisão. O que variará é a intensidade, a "carga" desta. O que se deve considerar, no entanto, é que os traços de "decisão", presentes muitas vezes nos despachos ordinatórios, são não apenas sutis, quase imperceptíveis, mas, acima de tudo, estão diretamente ligados à propulsão do procedimento. Nos despachos decisórios, ou resolutivos, ao contrário, não se tem em conta o procedimento e seu curso, mas certos atos processuais praticados pelas partes, ou cuja prática foi por elas requerida, capazes de afetar, diretamente, os direitos ou interesses do adversário. Por isso, o juiz é chamado a *decidir* a respeito. E pelo mesmo motivo admite-se a impugnação autônoma dessas decisões, mediante recurso ou mandado de segurança.

Exemplo típico dessa categoria singular de "despacho", no processo do trabalho, é o que não admite recurso. Desse "despacho" cabe agravo de instrumento, como prevê o art. 897, "b", da CLT. O ato judicial, denegatório do recurso interposto, não é sentença (pois não visa a dar fim ao processo), nem decisão interlocutória (porquanto não tem como objeto uma questão incidental), nem despacho ordinatório (uma vez que não se prende, unicamente, ao curso do procedimento). Constitui-se, em razão disso, num *despacho decisório*, ou seja, num ato que apresenta a forma de despacho e o conteúdo de decisão e que não pode ser identificado, isoladamente, nem com este nem com aquele. É, enfim, uma *decisão*. Sendo assim, é recorrível.

O processo civil fornece outros casos de despachos decisórios – ou de decisões monocráticas. Apenas para nos dedicarmos aos que têm aplicação no processo do trabalho, podemos referir o que concede, liminarmente, tutela de urgência (CPC, art. 300, § 2.º). A doutrina e a jurisprudência trabalhistas, tirante umas poucas divergências, admitem a impetração de mandado de segurança contra esse ato, desde que o impetrante se sinta em condições de demonstrar a existência de direito líquido e certo e não se ver obrigado a agir de acordo com o provimento acautelatório emitido pelo juiz. Esse é, também, o nosso entendimento. A circunstância de haver uma corrente de opinião que argumenta com o cabimento, na espécie, de agravo de instrumento, conquanto tenha a nossa oposição, serve para demonstrar que, de qualquer modo, o despacho em tela é impugnável, justamente em virtude de seu conteúdo decisório: decidiu o juiz, por meio desse ato, afastar um estado de periclitância, que estava a pôr em risco o direito invocado pelo solicitante da providência cautelar. A possibilidade de haver impetração de mandado de segurança contra essa espécie de decisão está prevista no inciso II da Súmula n. 414 do TST.

Decisório é, igualmente, o despacho pelo qual o juiz concede, *in limine*, a segurança impetrada (Lei n. 12.016/2009, art. 7.º, III). Tanto é verdadeira a afirmação que muitos Regimentos Internos dos Tribunais Regionais do Trabalho admitem a impugnação desse "despacho", geralmente pelo recurso de agravo regimental. No processo civil, todavia, em que se atribui caráter interlocutório a essa decisão, a sua impugnação é feita por meio de agravo de instrumento (Lei n. 12.016/2009, art. 7.º, § 1.º; CPC, art. 1.015).

Enfim, sem que nos dediquemos a garimpar situações que traduzam a presença de despachos decisórios, o que se deve ter em vista é a existência real dessa modalidade de despachos e a possibilidade de serem impugnados, seja mediante recurso ou mandado de segurança.

Exatamente por serem dotados de conteúdo decisório, ditos despachos se submetem à regra inscrita no art. 93, IX, da Constituição de República, por força da qual todas as *decisões* judiciais devem ser fundamentadas, sob pena de nulidade. Em termos práticos, isso quer dizer que os despachos decisórios devem conter fundamentação, ainda que concisa, sendo nulos se não a possuírem. É razoável que se exija motivação, também no caso desses despachos, diante dos efeitos que podem provocar na esfera jurídica dos litigantes. Sendo assim, já não se permite, com a vigência da atual Constituição, que o juiz conceda, liminarmente, a segurança ou qualquer medida cautelar, mediante um simples "defiro". É imprescindível que conste, do despacho, o seu fundamento, pois, em última análise, se trata de um pronunciamento jurisdicional decisório.

|Capítulo II|

CONCEITO DE SENTENÇA

Ficou demonstrado, no Capítulo anterior, que, do ponto de vista estritamente do processo do trabalho, todo pronunciamento judicial capaz de acarretar o fim do processo, com exame do mérito ou não, é considerado sentença, por força da recepção, pela praxe, do conceito formulado, primitivamente, pelo art. 162, § 1.º, do CPC de 1973.

Demonstramos, também, que essa conceituação estabelecida pelo legislador brasileiro se afastou das origens romanas do instituto, onde o vocábulo sentença era utilizado, apenas, para designar as decisões judiciais que implicassem a solução da lide, vale dizer, que provocassem a extinção do processo, mediante exame do mérito da causa.

Retornamos, agora, ao assunto, para ocuparmo-nos, especificamente, com o conceito de sentença, sob a óptica doutrinária.

A sentença constitui, sem dúvida, a mais expressiva das pronunciações da *iurisdictio*, entendida esta como o poder-dever estatal de resolver os conflitos de interesses submetidos à sua cognição monopolística. É por esse motivo que se tem afirmado que a sentença representa o acontecimento mais importante do processo, o seu ponto de culminância e de exaustão; essa assertiva é correta, a despeito do sentido algo retórico dos seus termos, se levarmos em conta que todos os atos do procedimento estão ligados, direta ou indiretamente, com maior ou menor intensidade, à sentença, que se apresenta, sob esse aspecto, como uma espécie de polo de atração magnética, para o qual convergem, de maneira lógica e preordenada, todos esses atos. É o que já se denominou de "força centrípeta da sentença".

Em verdade, a razão essencial, que leva alguém a invocar a prestação da tutela jurisdicional reside na reparação de um direito lesado, ou na necessidade de afastar o risco de lesão, ou, de qualquer modo, na aquisição, preservação ou recuperação de um bem ou de uma utilidade da vida, juridicamente tutelável; como essa pretensão só pode ser apreciada, em caráter definitivo, pela sentença, tem-se aqui a medida exata da importância que esta possui, não apenas para o processo, em abstrato, mas para o patrimônio jurídico dos indivíduos e das coletividades, em concreto.

Historicamente, a sentença nada mais era do que uma opinião do juiz, acerca da *res in iudicio deducta*; com o decorrer dos anos, entretanto, ela cresceu em importância, passando a traduzir, como dissemos, o mais significativo dos pronunciamentos da jurisdição, porquanto os diversos sistemas processuais modernos atribuíram a esse pronunciamento a função de decidir sobre o direito invocado pelos litigantes.

Sob o rigor técnico, o conceito de sentença, enunciado no art. 162, § 1.º, do CPC, em sua redação primitiva, reclamava um pequeno retoque, porque nem sempre ela poria fim ao processo; isso acontecia p. ex., quando dela se interpusesse recurso ordinário ou quando houvesse remessa *ex officio*, nos casos exigidos por lei. Nessas situações, o processo seria extinto pelo acórdão, que, consoante o art. 512 do CPC, substitui a sentença, naquilo que tenha sido objeto de impugnação. Mesmo nas hipóteses em que o tribunal não admite o recurso (por falta de pressuposto objetivo ou subjetivo indispensável), o processo, se extinto, sê-lo-á por obra do acórdão, não da sentença. Embora a sentença e o acórdão não se desassemelhem, no tocante à finalidade e à própria natureza (mas, apenas, quanto ao órgão jurisdicional que os emite), isso não justificava a declaração legal de que a *sentença* poria, sempre, fim ao processo. Esse conceito legal, contudo, poderia ser tolerado se considerássemos que o legislador teve em mente, tão só, os atos praticados pelo juiz, em primeiro grau de jurisdição, e, em razão disso, comparando a sentença com a decisão interlocutória e os despachos, atribuísse àquela, com exclusividade, a aptidão para extinguir o processo, com ou sem investigação do mérito.

Em que pese à circunstância de o art. 203, do CPC de 2015, haver declarado: "1.º Ressalvadas as disposições expressas dos procedimentos especiais, *sentença é o pronunciamento por meio do qual o juiz, com fundamento nos arts. 485 e 487, põe fim à fase cognitiva do procedimento comum, bem como extingue a execução*" (destacamos), deixamos esclarecido, em linhas anteriores, o nosso ponto de vista de que o antigo conceito de sentença, formulado pelo art. 162, § 1.º, do CPC de 1973, em sua redação primitiva, foi recepcionado pelo processo do trabalho, de tal modo que, neste processo especializado, o precitado ato judicial segue sendo conceituado como aquele que põe fim ao processo de conhecimento – com ou sem resolução do mérito – ou de execução, ou aos embargos do devedor.

Se, entrementes, submetêssemos o antigo conceito de sentença ao rigor da lógica, veríamos que ele estava a reclamar alguns retoques. Com efeito, ao vincular o conceito de sentença à ideia de *extinção do processo*, o legislador acabou por realizar uma profunda cisão no processo, em atitude que, se, do ângulo doutrinário, era justificável, sob o aspecto prático se revelava desastrosa. Realmente, a consequência prática do conceito enunciado pelo art. 162, § 1.º, do CPC de 1973, em sua redação original, é que, proferida a sentença, e se esta fosse favorável ao autor, um novo processo deveria ser instaurado, desta feita, para fazer com que ocorressem, no plano da realidade, as transformações desejadas pela sentença. Referimo-nos ao processo de execução. Este processo, mesmo na Justiça do Trabalho, se tem revestido de tal complexidade que, não raro, a sua conclusão demora muito mais que a do próprio processo de conhecimento de que se originou o título executivo. No âmbito do processo civil, a divisão dicotômica em processo de conhecimento e processo de execução acarretava consequências ainda mais danosas, levando-se em conta a autonomia deste último. Sobraram razões, pois, a Couture ao declarar que conhecimento sem execução é mera academia e não processo – a demonstrar, com essa visão pragmática da realidade, a necessidade de a execução constituir-se, apenas, em uma fase natural do mesmo processo e não um novo processo, propriamente dito. Idealmente, portanto, esperava-se que o legislador corrigisse essa anomalia, fazendo com que, assim como no processo do trabalho, a execução, no processo civil, não traduzisse um processo autônomo, senão que uma simples fase subsequente ao trânsito em julgado da sentença (execução definitiva). Com isso, seria até possível cogitar-se da eliminação dos clássicos embargos à execução (gênero que compreende os embargos do devedor), substituindo-os, por exemplo, pelo ato da impugnação, que poderia ser praticado tanto pelo devedor quanto pelo credor.

Estas nossas aspirações acabaram sendo atendidas, nos sítios do processo civil, pela Lei n. 11.232/2005 que, entre outras coisas, realizou um sincretismo entre conhecimento e execução, para os efeitos da execução por quantia certa calcada em título judicial. A contar daí, ao conceito de sentença deixou de ser inerente, no sistema do CPC de 1973, à extinção do processo.

Há pouco, afirmamos que a execução trabalhista nada mais era do que uma fase subsequente ao processo de conhecimento, sendo, inclusive, realizada nos mesmos autos; afirmamos, também, que o antigo conceito de sentença, inscrito no § 1.º do art. 162 do CPC, acabou sendo recepcionado pelo processo do trabalho, de tal modo que, neste, a sentença segue sendo o ato pelo qual o juiz coloca fim ao processo – pronunciando-se, ou não, sobre o *meritum causae*.

Muitos leitores concluirão haver certa incoerência em nosso pensamento. Devemos-lhes, por isso, uma explicação em caráter proléptico.

Do ponto de vista *prático*, a execução trabalhista parece constituir mera fase subsequente ao processo de conhecimento, do qual se originou a sentença, agora convertida em título executivo, pois: a) a execução se processa nos mesmos autos em que foi lançada a sentença; b) a execução pode ser instaurada por iniciativa do juiz. Todavia, sob o ângulo *sistemático*, ou seja, da construção legal, os processos de conhecimento e de execução são distintos; tanto isto é verdadeiro, que, como já salientamos, são tratados em capítulos diversos da CLT e o devedor é citado (e não, intimado) para a execução (CLT, art. 880).

Destarte, conquanto a execução trabalhista seja processada nos mesmos autos em que foi proferida a sentença exequenda, a execução continua sendo objeto de processo (não de autos) autônomo. Dizendo-se por outro modo: no processo do trabalho, a sentença, efetivamente, encerra o processo de conhecimento, dando ensejo à instauração de um outro processo – executivo – no qual se buscará fazer com que as coisas se disponham, no mundo material, do modo como previsto na sentença condenatória. Foi por este motivo que continuamos a sustentar a opinião de que, no processo do trabalho, a sentença deve seguir sendo conceituada como o ato pelo qual o juiz põe fim ao processo (cognitivo), com ou sem resolução do mérito (lide), assim como ao de execução, ou aos embargos do devedor.

Poder-se-ia dizer, no entanto, que há situações em que o processo se extingue não em virtude de sentença, mas de despacho, como quando se dá no indeferimento da petição inicial (CPC, art. 330). Essa objeção traria, contudo, um erro em sua origem, pois o indeferimento da inicial deve ocorrer mediante sentença e não despacho. Nesse sentido é que deve ser interpretada a redação do art. 331, *caput*, do CPC. Tanto é sentença esse ato, que pode dar fim ao processo (sem exame do mérito), nos termos do art. 485, I, do CPC.

O art. 895, "a", da CLT previa o cabimento de recurso ordinário, apenas, das sentenças "definitivas". Doutrina e jurisprudência, todavia, em atitude elogiável, vinham admitido, com amplitude, a interposição desse recurso das sentenças ditas "terminativas", ou seja, daquelas que punham fim ao processo sem exame do mérito, como era o caso, entre tantas, da que indeferia a petição inicial (CPC, arts. 331 e 485, I). Posteriormente, a Lei n. 11.925, de 17-4-2009, altera a redação dos incisos I e II do art. 895, da CLT, para prever a interposição de recurso ordinário não apenas das sentenças (ou acórdãos) definitivas, mas, também, das terminativas. Foi mais um desses notáveis episódios em que a Lei se curva à realidade.

Em regra, os regimentos internos dos tribunais trabalhistas atribuem ao relator competência para indeferir, *in limine*, algumas petições iniciais, como, *e. g.*, as de ação rescisória, de mandado de segurança e de medida cautelar, prevendo, em razão disso, a impugnação desse ato unipessoal pelo recurso estrito e interno do agravo regimental. A Lei n. 12.016/2009, no art. 10, *caput*, prevê o indeferimento, desde logo, da petição inicial de ação de mandado de segurança nos casos por ela mencionados. Esse indeferimento tanto pode decorrer de ato do juiz de primeiro grau quanto do relator, conforme a competência para a causa seja da Vara ou do Tribunal.

A propósito do assunto, dispõe a Súmula n. 415, do TST: "MANDADO DE SEGURANÇA. PETIÇÃO INICIAL. art. 321 do cpc de 2015. ART. 284 DO CPC de 1973. INAPLICABILIDADE. (Atualizada em decorrência do CPC de 2015) – Res. 208/2016, DEJT divulgado em 22, 25 e 26.04.2016. Exigindo o mandado de segurança prova documental pré-constituída, inaplicável o art. 321 do CPC de 2015 (art. 284 do CPC de 1973) quando verificada, na petição inicial do "mandamus", a ausência de documento indispensável ou de sua autenticação. (ex-OJ n. 52 da SBDI-2 - inserida em 20.09.2000)".

Lançadas essas considerações, e mantidas as ressalvas doutrinárias apresentadas, pode-se aceitar, no processo do trabalho, o conceito de sentença, formulado pelo art. 162, § 1.º, do CPC de 1973, em sua redação original, com algum retoque, que tal arte que seria o seguinte: ato pelo qual o juiz põe fim ao processo de conhecimento – resolvendo, ou não, o mérito da causa – ou de execução, ou os embargos do devedor.

Há que ser dito, contudo, que a relação processual não se encerra com a sentença e, sim, com o fenômeno da coisa julgada material, pois, em virtude desta, o pronunciamento jurisdicional ficará protegido com a cláusula da intangibilidade, que só é afastada mediante ação rescisória. Não nos parece, *venia concessa*, dotada de base científica a afirmação de Pontes de Miranda de que, com a sentença de mérito, inexiste entrega da prestação jurisdicional, mas simples apresentação desta (*Tratado da Ação Rescisória*. 5. ed. Rio: Forense, 1956. p. 204). A nosso ver, a sentença que examina o mérito é a que, justamente, configura a entrega da prestação jurisdicional impetrada pela parte. Se esta não ingressa na prospecção das questões de fundo da causa, o que há é mero término precipitado do procedimento e do processo.

De resto, estão implícitos no conceito legal de sentença as exigências de estar o juiz regularmente investido na jurisdição, de possuir competência para a causa, de ser a sentença por ele assinada (CPC, art. 205) etc. Quanto aos requisitos formais da sentença, assim como a questão concernente às sentenças inexistentes, serão examinados no Capítulo IX, desta Segunda Parte.

Capítulo III

NATUREZA JURÍDICA

1. Introdução

A doutrina costuma comparar a sentença a um silogismo, no qual a premissa maior corresponde à regra de direito a ser aplicada, e a menor, à situação de fato da causa, sendo a conclusão o resultado encontrado pelo juiz, mediante a subsunção dos fatos à norma legal.

Essa visão silogística da sentença, contudo, embora possa ser aceita com relação à maioria dos casos, se revela insuficiente para definir aquelas situações em que o raciocínio desenvolvido pelo juiz, visando à solução do conflito de interesses, por meio da aplicação do preceito legal regulador da espécie, tem uma estrutura lógica muito mais complexa do que a dos silogismos (do grego *syllogismos*), entendidos estes como os argumentos compostos de três termos, que formam três proposições articuladas, das quais a terceira se deduz da primeira, por intermédio da segunda. Pensamos, pois, que a sentença seja algo que se situa além do silogismo, traduzindo um ato lógico e complexo do juiz, baseado na apreciação crítica e valorativa dos fatos submetidos à sua cognição, da qual extrai uma conclusão impositiva para as partes.

Nossa opinião, a propósito, nos coloca diante do problema da natureza jurídica da sentença: seria ela, somente, um ato de inteligência do magistrado, ou, também, um ato revelador de sua vontade?

Para os que a consideram mero ato de inteligência, a sentença consiste, unicamente, num juízo lógico do magistrado, com vistas à aplicação da regra de direito pertinente ao caso concreto. Nessa perspectiva, a única vontade existente, no momento da entrega da prestação jurisdicional, é a da lei — que a sentença nada mais faz do que respeitar ou declarar. Os que veem na sentença um ato de vontade do juiz argumentam que este, ao decidir uma causa, não se limita a realizar um raciocínio lógico, mas a emitir uma opinião, concretizada em um comando.

Cremos que nenhuma dessas correntes de pensamento, insuladamente consideradas, está com a razão. Não há negar que a sentença seja, essencialmente, um ato de inteligência do magistrado, pois consiste em um juízo lógico que ele realiza acerca dos fatos narrados pelas partes; talvez se possa afirmar que esse ato de inteligência fica realçado nas sentenças ditas declaratórias, onde a atividade do juiz se resume à proclamação da existência ou da inexistência de relação jurídica entre os litigantes, ou da falsidade ou autenticidade de documento (CPC, art. 19). Em determinados pronunciamentos jurisdicionais, contudo, fica evidente o elemento volitivo, como ocorre, por exemplo, nas sentenças condenatórias.

Não nos parece correta, por isso, a opinião de Alfredo Rocco, de que o juiz, ao sentenciar, não acrescenta nenhuma vontade própria à vontade já manifestada pelo órgão legislativo e que a sentença é "uma pura operação lógica ou, como se diz, um silogismo, em que, sendo a premissa maior a norma legal e a premissa menor o caso concreto, deduz-se a norma de conduta a seguir no caso particular. O juiz não exprime nesta operação nenhuma vontade própria: ele simplesmente manifesta o próprio juízo sobre a vontade do órgão legislativo, no caso concreto. O Estado já afirmou a sua vontade no exercício da função legislativa; não há necessidade de afirmá-la uma segunda vez no exercício da função jurisdicional. A sentença não contém, portanto, outra vontade senão aquela da lei, traduzida em forma concreta por obra do juiz. Nisto não se tem um ato de vontade mas só ato de inteligência do juiz"(*La Sententia Civile*).

Não se recusa o fato de que a lei encerra um comando, ou uma vontade. Essa vontade, entretanto, é abstrata, ou seja, não está dirigida para determinado caso concreto. Por esse motivo, é necessário que dito comando geral e abstrato, que se irradia da norma legal, seja aplicado às situações específicas, ou seja, aos casos concretos; e a aplicação desse comando legal é, fora de qualquer dúvida, ato de vontade do magistrado. Dessa maneira, ao fazer a lei atuar em situações específicas, que se amoldam à previsão geral, nela contida, o juiz emite um ato de vontade, em nome do Estado. Justamente, aliás, por ser um ato volitivo estatal é que a sentença se distingue de um parecer exarado por jurisconsulto, uma vez que a este falta o traço coercitivo, inerente àquela. O máximo que se poderia aceitar, nesse tema, é que a vontade do juiz, contida na sentença, não seja inteiramente autônoma, independente, mas vinculada ao comando da lei. Mesmo assim, essa concessão, que estamos a fazer, deve ser retirada em sede de ação coletiva, onde a Justiça do Trabalho, no exercício do poder normativo que lhe atribui a Constituição Federal (art. 114), pode criar a norma jurídica que regulará as relações entre trabalhadores e empregadores, durante certo tempo. Aqui, a vontade do órgão jurisdicional é muito mais expressiva, pois não está, necessariamente, ligada ao comando da lei, ao contrário, pois, ao que se passa no plano das ações individuais.

Tem sido, diga-se de passagem, frequente o uso da expressão *sentença normativa* para definir o ato pelo qual os Tribunais do Trabalho exercitam o poder de criar a norma jurídica. Em rigor, essa expressão é inadequada, porquanto sendo, de um lado, a sentença ato característico dos órgãos de primeiro grau de jurisdição, e, de outro, da competência dos tribunais, o exercício desse poder normativo, é elementar que se trata de a*córdão normativo* aquilo que, pela força do costume, se tem denominado de sentença normativa.

O fato essencial, porém, a ser salientado, é que tais acórdãos refletem, com nitidez, a vontade do tribunal, que não se pode imaginar ajoujada à vontade da lei, porque, como se sabe, na verdade esta inexiste, levando-se em conta que o órgão jurisdicional tem ampla liberdade na formulação da regra jurídica, "respeitadas as disposições convencionais e legais mínimas de proteção ao trabalho" (CF, art. 114, § 2.º).

Em resumo: a) no terreno das ações individuais há sentenças onde aflora, como traço marcante, o ato de inteligência do juiz, como se dá com as declaratórias; em outras, contudo, o elemento realçado é a vontade de magistrado, como se verifica nas condenatórias e nas constitutivas. De qualquer forma, é necessário ser esclarecido que quando se afirma a presença do elemento volitivo não se está excluindo o ato de inteligência do juiz, senão que atribuindo preeminência axiológica àquele; b) no âmbito peculiar das ações coletivas, o acórdão normativo é derivante de um típico ato de vontade do tribunal (logo, do Poder Judiciário), vez que, aqui, a atividade jurisdicional se afasta de sua razão teleológica tradicional, consistente na aplicação da norma legal ao caso concreto, para converter-se em instrumento ou meio de criação da própria norma jurídica destinada a reger as relações materiais intersubjetivas dos integrantes das categorias sociais da produção enredadas no conflito de interesses.

Se fôssemos, aliás, reduzir a sentença a um exclusivo ato de inteligência do magistrado, estaríamos a convertê-lo em um mero leguleio, em um insensível técnico no ofício de aplicar leis, subtraindo, com isso, o próprio sentido histórico do vocábulo sentença, que exprime um sentir do magistrado acerca do direito alegado pelas partes.

O juiz não é um monólito, um burocrata ou um convidado sem alma, a quem a lei não consinta, em nenhum momento, contribuir com as suas experiências da vida, suas sensações, seu descortino e sua consciência a respeito da finalidade social das normas legais e das circunstâncias dramáticas que, eventualmente, estejam a assinalar o caso concreto, de tal modo que possa adotar uma atitude menos dogmática e mais vanguardeira, na busca de uma efetiva realização da justiça — esse ideal imarcescível que habita o coração do homem e contra o qual os sistemas jurídicos, submissos a certas ideologias políticas perversas, insistem em conspirar. E ninguém se abalançaria a negar o manifesto e necessário ato de vontade que estaria a insinuar-se nas sentenças emitidas nessas situações. Vontade transformadora, sem dúvida; vontade ligada à lei, por certo; mas, acima de tudo, vontade destinada a dar sentido à lei.

Não podemos, pelos motivos expostos, dissociar a sentença da vontade do juiz, embora reconheçamos que, do ponto de vista estritamente lógico, ela constitui um seu ato de inteligência; de inteligência, porém, que produz, um ato de vontade — e essa particularidade fundamental não se pode desconhecer ou procurar encobrir. Parece-nos residir nisto, portanto, a fórmula que melhor define a natureza jurídica da sentença, como o mais importante dos pronunciamentos da jurisdição.

2. Condição jurídica da sentença recorrível

A oportunidade nos sugere investigar, ainda, a condição jurídica da sentença sujeita à impugnação por meio de recurso, estando assente, a esta altura, que ela traduz um ato volitivo do juiz, ou, quando menos, um ato de inteligência que, em geral, produz um ato de vontade.

Muitas teorias foram concebidas sobre a referida condição jurídica da sentença. Podem ser resumidas a quatro, no entanto, as de maior prestígio, a saber:

a) É um ato submetido a *condição resolutiva*. Segundo essa corrente de opinião, a sentença traz em si, de modo inerente, os requisitos necessários para a sua existência estável no mundo jurídico, conquanto possa ser destituída dessa eficácia por força de pronunciamento jurisdicional oposto, emitido em sede de recurso. Objete-se esse entendimento, porém, com o argumento de que, a ser assim, a sentença deveria produzir, desde logo, o efeito executivo, em decorrência da regra inscrita no art. 127, *caput*, do Código Civil, a teor do qual "se for resolutiva a condição, enquanto esta não se realizar, vigorará o ato jurídico, podendo exercer-se desde a conclusão deste o direito por ele estabelecido".

Na realidade, apenas em casos excepcionais a sentença produz, antes do trânsito em julgado, os efeitos definitivos que lhes são inerentes. Isso ocorre, por exemplo, com as denominadas "sentenças normativas" (que se trata, na verdade, como vimos, de acórdãos normativos), pois a Lei n. 7.701, de 21 de dezembro de 1988, as permite ser objeto de ação de cumprimento a contar do vigésimo dia subsequente ao do julgamento, fundada no acórdão ou na certidão do julgamento, exceto se o Presidente do TST houver concedido efeito suspensivo ao recurso ordinário interposto (art. 7.º, § 6.º).

Pode parecer aberrante dos princípios a possibilidade de o acórdão normativo render ensejo à ação de cumprimento, antes do trânsito em julgado (e, até mesmo, com base na simples certidão do julgamento), pois ainda não se tornaram definitivas as suas disposições. Com efeito, examinado o fenômeno sob a óptica tradicional, que exalta o princípio da execução provisória dos pronunciamentos jurisdicionais pendentes de recurso, é evidente que se torna difícil aceitar a ideia de uma ação de cumprimento ser ajuizada (e executada em definitivo a sentença aí proferida) sem que o acórdão normativo, em que se lastreia, tenha passado em julgado. Levando-se em conta, entretanto, a natureza jurídica do acórdão normativo, pode-se aceitar a referida ideia sem maiores embaraços. Dá-se que, ao contrário dos demais provimentos da jurisdição, cuja finalidade, em regra, reside na solução de conflitos intersubjetivos de interesses, mediante a aplicação aos casos concretos das normas legais preexistentes, o acórdão normativo deriva do poder normativo que a Constituição Federal atribui aos Tribunais do Trabalho (art. 114), e por força do qual podem criar a norma jurídica destinada a reger as relações materiais entre os integrantes das categorias implicadas no conflito de interesses. Tais acórdãos possuem, pois, manifesto caráter jurígeno. Assim, embora sejam, do ponto de vista formal, um pronunciamento da jurisdição, têm conteúdo característico de direito material. Em suma, são, formalmente, acórdãos, e, materialmente, normas jurídicas.

Colocada a questão nesses termos, fica aceitável a possibilidade de propiciarem o imediato ajuizamento de ação de cumprimento, calcadas em suas disposições, porquanto, para esse fim, ditos acórdãos correspondem a ato material sujeito à condição resolutiva, razão pela qual produzem efeitos enquanto não for realizada a mencionada condição (Código Civil, art. 127).

Reconhecemos, todavia, que, no universo dos pronunciamentos jurisdicionais, somente os acórdãos normativos podem ser considerados ato sujeito à condição resolutiva.

b) Sustentou-se, também, que a sentença sujeita a recurso seria mera *situação jurídica*, segundo a qual somente com a concorrência de outras circunstâncias ela ficaria apta a gerar efeitos; *a contrario sensu*, se essas circunstâncias não se verificarem, a eficácia da sentença será nenhuma. Conforme essa linha de pensamento, a sentença seria simples possibilidade de sentença, vez que dependeria, para poder aperfeiçoar-se, que ficasse afastada, em definitivo, a possibilidade de ser impugnada pelos recursos.

c) Afirmou-se, ainda, que a sentença seria, a princípio, *ato perfeito*, conquanto suscetível de revogação, que aconteceria no caso de o órgão de reexame reformá-la.

Ainda que esse argumento revele o seu acerto, sob o aspecto lógico, não podemos com ele concordar, porquanto, à luz do ordenamento processual em vigor, o acórdão proferido pelo tribunal, em grau de recurso, substitui a sentença, nas partes em que tenha sido impugnada, pouco importando que se tenha limitado a "confirmá-la" (CPC, art. 1.008).

d) Argumentou-se, por fim, que a sentença constituiria um *ato condicionado*, vale dizer, pendente de condição suspensiva, isto porque, nada obstante se faça provida de todos os requisitos legais necessários à sua existência e validade, encontra-se tolhida em sua eficácia. Desta maneira, os seus efeitos apenas seriam liberados na hipótese de não ocorrer um novo julgamento do feito, pelo tribunal. Essa "suspensividade" permaneceria enquanto durasse a possibilidade de a sentença ser impugnada, o que equivale a afirmar, em sentido oposto, que os seus efeitos seriam produzidos assim que ficasse afastada, em definitivo, aquela possibilidade.

Dentre as teorias concebidas com o propósito de definir a natureza jurídica da sentença sujeita a recurso — que acabamos de examinar —, parece-nos ser a do ato condicionado a que melhor se ajusta ao nosso ordenamento processual, aí incluído o trabalhista. Realmente, em que pese ao fato de a sentença trazer em si, imanentemente, todos os elementos que a permitam fazer com que, em concreto, as coisas se disponham segundo o seu comando, esses efeitos só serão liberados quando não mais existir possibilidade de ser impugnada pela via dos recursos.

Duas ressalvas, contudo, devem ser feitas: a) as sentenças proferidas nas ações de alçada exclusiva dos órgãos de primeiro grau constituem exceção à regra, pois não se trata de ato condicionado; ao contrário, podem ser executadas no dia imediato ao de sua publicação — exceto se, por haverem perpetrado ofensa à Constituição, ensejarem a interposição de recurso; b) os acórdãos normativos também não constituem ato sujeito à condição, na medida que, como ficou demonstrado há pouco, propiciam o exercício da correspondente ação de cumprimento, até mesmo, com fulcro na simples certidão do julgamento. A particularidade de o Presidente do TST poder atribuir efeito suspensivo ao recurso ordinário interposto do acórdão normativo (Lei n. 7.701/88, art. 9.º) não transforma esse acórdão em ato condicionado, pois a suspensão dos seus efeitos traduz fato extraordinário, vale dizer, algo que não pertence à sua natureza.

Cabe, aqui, um comentário lateral.

Conquanto alguns estudiosos tenham manifestado uma certa indignação pelo fato de a lei conceder ao Presidente do TST o poder (ou faculdade) de atribuir efeito suspensivo ao acórdão normativo, no todo ou em parte, estamos convencidos — ideologia à parte — da necessidade dessa providência, em determinados casos, pois a possibilidade de a ação de cumprimento ser ajuizada, e de ser executada em definitivo a sentença nela proferida, poderia acarretar graves transtornos de ordem prática, como se daria, *e. g.*, na hipótese de a execução ter sido consumada (entenda-se: mediante a expropriação dos bens do empregador-devedor) e, posteriormente, o TST dar provimento ao recurso ordinário interposto do acórdão normativo, em que se fundou aquela ação, fazendo desaparecer, assim, o direito material que dava conteúdo ao título executivo.

|Capítulo IV|

CLASSIFICAÇÃO

Podemos classificar os pronunciamentos jurisdicionais, em geral, e as sentenças, em particular, segundo os mais diversos critérios.

Se, por exemplo, levarmos em conta a sua ligação às questões de fundo da ação, teremos as sentenças: a) que examinam o mérito; e b) as sentenças que não examinam o mérito — lembrando que, de acordo com o conceito legal (CPC, de 1973, art. 162, § 1.º, em sua redação primitiva), sentença é o ato pelo qual o juiz põe, sempre, fim ao processo. Se considerarmos o aspecto subjetivo de sua elaboração, poderemos pensar em sentenças: a) monocráticas; e b) colegiadas, conforme sejam proferidas pelo juiz, tomado unipessoalmente, ou pelo colégio de juízes, como ocorre, *e. g.*, nos tribunais.

Caso coloquemos a tônica na possibilidade de serem impugnadas, haveremos de separar as sentenças em: a) recorríveis e b) irrecorríveis (como as previstas no art. 2.º, § 4.º, da Lei n. 5.584, de 26 de junho de 1970). Se pusermos à frente a sua relação com o direito material, ou seja, com a res *in iudicio deducta*, encontraremos as sentenças: a) aplicadoras da norma legal; e b) criadoras da norma jurídica, como se dá, caracteristicamente, com as denominadas "sentenças" (melhor: acórdãos) normativas, derivantes do exercício do *poder normativo*, que a Constituição da República atribui aos Tribunais do Trabalho (art. 114, § 2.º).

Enfim, como dissemos, logo no início, a distribuição das sentenças em classes poderá ter uma amplitude extraordinária, em decorrência da multiplicidade de critérios metodológicos que podem ser adotados, com vistas a esse objetivo.

Parece-nos, entretanto, essencial — e de relevância científica e prática superior a qualquer outra — a classificação que se baseia nos efeitos da sentença. Nesse sentido, a doutrina costuma classificá-las em: a) declaratórias; b) constitutivas; e c) condenatórias — embora, pela nossa parte (e, sob esse aspecto, reformulando opinião expressa em obras anteriores), entendemos que possam ser também incluídas aí as sentenças: d) mandamentais; e e) as executivas, pelas razões que, mais adiante, aduziremos.

Examinemos, a seguir, essas espécies.

1. Sentença declaratória

É a que proclama a existência ou inexistência ou do modo de ser de uma relação jurídica ou a autenticidade ou falsidade de documento (CPC, art. 19, I e II), mesmo que já tenha ocorrido a lesão do direito (*ibidem*, parágrafo único).

A sentença declaratória será, portanto, positiva ou negativa, conforme reconheça a existência ou a inexistência ou do modo de ser de uma relação jurídica. Será, porém, sempre positiva quando tiver como objeto o documento, pois, de um modo ou de outro, o pronunciamento jurisdicional dirá da autenticidade ou da falsidade deste.

No âmbito peculiar do processo do trabalho, será declaratória positiva a sentença que reconhecer a existência de relação de emprego entre as partes, e declaratória negativa a que não reconhecer a presença de relação dessa natureza. Como, no geral, o autor pede, também, a condenação do réu ao pagamento de determinadas quantias, oriundas da existência do contrato de trabalho, a sentença conterá um *plus*, consistente na condenação do réu, caso acolha os pedidos do autor. Do ponto de vista do rigor científico, todavia, poder-se-ia afirmar que, no exemplo referido, a sentença seria, essencialmente, condenatória, porquanto a condenação traz em si, implícita, a declaração (da existência da relação de emprego). Não é bem assim. No capítulo pertinente ao reconhecimento da relação de emprego, a sentença seria, fundamentalmente, declaratória, ao passo que, no atinente aos demais pedidos acolhidos, seria, aqui sim, condenatória.

Essa conclusão nos permite formular duas outras observações concernentes ao assunto. Em primeiro lugar, uma sentença não tem que ser, necessariamente, apenas declaratória, ou apenas condenatória, ou apenas constitutiva (para cogitarmos, por ora, somente dessas três espécies), podendo, ao contrário, cumular dois ou mais desses efeitos. Uma sentença, p. ex., que reconheça a existência de relação de emprego e, em razão disso, determine a reintegração do trabalhador, por entendê-lo estável, e, ainda, imponha ao réu a obrigação de pagar certas quantias pleiteadas na inicial, será: a) declaratória, na parte em que diz da existência da relação de emprego (declaratória positiva); b) constitutiva, na parte em que reconhece a estabilidade do trabalhador e ordena a sua reintegração; c) condenatória, na parte em que impõe ao réu a obrigação de pagar determinadas quantias decorrentes do contrato de trabalho (férias e 13.º salários vencidos, horas extras, adicionais noturno e de insalubridade etc.). Em segundo lugar, quase toda sentença contém uma declaração, variando, unicamente, a sua intensidade — ou a sua "carga", como se preferir.

É certo, contudo, que se o autor desejar exigir do réu, vencido na causa, o direito que constitui objeto exclusivo da ação declaratória, deverá fazer uso da ação condenatória cabível, pois a sentença puramente declaratória não é exequível, valendo como mero preceito. O digesto processual civil de 1939 revelava-se muito didático ao esclarecer que "na ação declaratória, a sentença que passar em julgado valerá como preceito mas a execução do que houver sido declarado somente poderá promover-se em virtude de sentença condenatória" (art. 290, *caput*). Complementava o parágrafo único desse dispositivo que "a sentença condenatória será pleiteada por meio de ação adequada à efetivação do direito declarado, sendo porém, exequível desde logo a condenação nas custas".

A despeito de o atual diploma do processo civil não haver repetido essas regras, não há contestar que estas foram recepcionadas pelo novo texto, ou, quando menos, não são com ele inconciliáveis, nem com o processo do trabalho.

O CPC de 1939 deixava claro, ainda, por seu art. 290, parágrafo único, que acabamos de transcrever, que a única execução possível, em sede de ação declaratória, seria a respeitante às custas. Isso não significava que a sentença declaratória, por exceção à regra, seria exequível. Como deixamos dito há pouco, uma só sentença pode produzir efeitos declaratórios, constitutivos e condenatórios — não, evidentemente, de maneira simultânea, superposta, mas mediante capítulos distintos. Com relação às custas, portanto, a sua cobrança será feita mediante a execução da parte condenatória (e secundária) da sentença, cuja "carga" preponderante é a declaração. Constitui deslize técnico, por isso, sustentar-se que a sentença declaratória só enseja execução quanto às custas. O que se executa, como frisado, é o capítulo condenatório de uma sentença, preponderantemente, declaratória.

Sabemos que, em princípio, o juiz não pode proferir sentença, em favor do autor, de natureza diversa da pedida (nem condenar o réu em quantidade superior ou em objeto distinto do que lhe foi demandado), em face da regra inscrita no art. 492 do CPC. Pode dar-se, porém, que a sentença pretendida pelo autor seja, digamos, condenatória, mas a que venha a obter seja declaratória. Isso ocorreria, *v. g.*, no caso de haver postulado a condenação do réu ao pagamento de certas quantias, mas a sentença rejeitar esses pedidos. Nenhuma nulidade aí existiria, pois o que a lei proíbe é que o juiz profira, em benefício do autor, sentença de natureza diversa da desejada. No exemplo, a sentença, ainda que de natureza diversa, foi desfavorável ao autor. É oportuno destacar que será sempre declaratória a sentença que rejeitar os pedidos feitos pelo autor — "julgar improcedente a ação", segundo a expressão que caiu no gosto de alguns juristas e de certos escritos forenses, cuja impropriedade técnica, no entanto, é ofuscante. Uma boa leitura do art. 490 do CPC não causaria mal a ninguém; ao contrário, prestaria relevantes serviços à tarefa de depuramento científico da linguagem processual. Falar-se em "improcedência da ação", na espécie, implica injustificável confusão entre o conceito de ação e o direito material que constitui objeto do pedido. Se é chegado ao mérito da causa, ou seja, ao exame desses pedidos, como se pode dizer que a ação "improcedeu", sabendo-se que esta significa esse direito que possuem os indivíduos e as coletividades de invocar a prestação da tutela jurisdicional do Estado? Se, enfim, a ação foi "improcedente", como pôde o órgão jurisdicional ingressar no exame do mérito? Já é tempo, portanto, de anatematizar-se, em definitivo, o emprego da expressão "improcedência da ação" para significar a rejeição dos pedidos. Uma vez mais, deve ser lembrado Hamlet, com sua provecta advertência de que há certos hábitos cuja quebra honra mais do que a observância.

Em geral, os efeitos das sentenças declaratórias são retroativos (*ex tunc*), equivale a dizer, voltam-se no tempo para apanhar a situação de fato ou a relação jurídica no nascedouro, salvo se, nisto, forem obstados pela prescrição extintiva. Nem poderia ser de forma diversa: se é reconhecida, na sentença, a existência ou inexistência da relação jurídica controvertida ou se diz da autenticidade ou da falsidade de um documento, é elementar que os efeitos jurídicos dessa dicção jurisdicional recuam à época em que a relação jurídica teria tido início, ou o documento sido produzido, pois não pode haver meio-termo quanto a isso.

2. Sentença constitutiva

Aquela que cria, modifica ou extingue uma relação jurídica; que altera, enfim, o status jurídico existente.

Como afirmamos, antes, todo pronunciamento jurisdicional contém, com maior ou menor intensidade, uma declaração — e não é diferente o que se passa em sede de sentença constitutiva. Aqui, porém, a carga de "constitutividade" é maior do que a de "declaratividade", é a que, por ser preponderante, define o conteúdo da sentença, com vistas à sua classificação, segundo os efeitos característicos. Podemos dizer que uma das diferenças mais expressivas entre a sentença declaratória e a constitutiva está em que esta possui, com relação àquela, um *plus* consistente no estabelecimento de uma nova relação jurídica, ou, mesmo, na alteração ou extinção da existente. Assim, enquanto na sentença declaratória se afirma a existência ou inexistência ou do modo de ser da relação jurídica, ou a autenticidade ou falsidade de documento, na constitutiva se encontra, além da declaração de certeza, no que concerne à preexistência do direito, também as condições exigidas para a constituição da relação jurídica, sua modificação ou extinção.

É, precisamente, em virtude desse traço marcante e distintivo, que a doutrina encontrou razões para atribuir a essa classe de sentença o efeito constitutivo.

Nunca é inútil ressaltar que não constitui propriedade desse tipo de pronunciamento jurisdicional a criação do direito, mas, apenas, a declaração de sua preexistência, da qual, por sua vez, emanam os efeitos previstos no ordenamento jurídico.

Podemos, por isso, indicar como pressupostos dessa espécie de sentença: a) um fato que constitua, em princípio, uma relação jurídica de caráter privado; b) a existência de um fundamento capaz de produzir a constituição; c) que a constituição somente possa ser obtida por meio de sentença.

Com efeito, em determinados casos, o efeito constitutivo da sentença é obtenível, apenas mediante sentença, em decorrência da indisponibilidade do direito, como acontece, por exemplo, na dissolução do contrato de trabalho de empregado estável, proveniente de falta grave perpetrada (CLT, arts. 853 a 855).

No geral, as sentenças constitutivas, ao contrário das declaratórias, produzem efeitos *ex nunc*, ou seja, a partir do trânsito em julgado. Nada obsta, porém, a que a lei lhes atribua, em certos casos, efeitos *ex tunc*, fazendo com que retrotraiam ao tempo em que teve início a relação jurídica, como se dá, *v. g.*, no plano do processo civil, com a sentença anulatória de ato jurídico, nos casos do art. 171 do Código Civil.

No processo do trabalho, a sentença constitutiva poderá produzir efeitos retroativos (*ex tunc*) ou apenas futuros (*ex nunc*), conforme sejam as circunstâncias do caso concreto. Sem pretendermos esgotar, aqui, todas as situações previstas no ordenamento jurídico material, que se ajustam a esta ou àquela hipótese, podemos dizer, à guisa de exemplo, que essa modalidade de sentença produzirá efeitos: a) *ex tunc*, no caso de reconhecer (= constitutividade) o direito do empregado à pretendida estabilidade no emprego ou de converter a reintegração em indenização dúplice. Quanto a esta última situação, estabelecia a Súmula n. 28 do TST que o direito aos salários correspondentes ao período em que o empregado ficou afastado do exercício de suas funções ficaria assegurado até a data da sentença constitutiva que pusesse fim ao contrato. Segundo a redação atual, da referida Súmula: "No caso de se converter a reintegração em indenização dobrada, o direito aos salários é assegurado até a data da primeira decisão que determinou essa conversão"; "b) *ex nunc*, se, havendo o trabalhador postulado a denominada "rescisão indireta" do contrato (CLT, art. 483), mas permanecer prestando serviços, a sentença vier a acolher a sua pretensão.

Na ação rescisória, a sentença (acórdão, em face da competência originária dos tribunais trabalhistas, quanto a essa matéria) emitida no *iudicium rescindens*, será constitutivo-negativa, quando acolher o pedido, e declaratório-negativa, quando o rejeitar. No *iudicium rescissorium*, contudo, onde há um novo julgamento da lide, será declaratória, constitutiva ou condenatória, conforme seja o pedido formulado pela parte.

Assim como as sentenças declaratórias, as constitutivas não são exequíveis, porquanto os seus efeitos e a sua eficácia se realizam no próprio processo cognitivo, em que foi proferida. Por outras palavras, essa espécie de provimento jurisdicional acarreta, automaticamente, com o seu trânsito em julgado, a constituição, a modificação ou a extinção do status jurídico, sem necessidade de ser encaminhada à via executiva, como se dá com as sentenças condenatórias.

3. Sentença condenatória

O sentido de condenação não se contrapõe ao de declaração, segundo se possa imaginar. Com isso, estamos dizendo que na espécie de sentença em questão convivem, harmoniosamente, os efeitos declaratório e condenatório, embora a predominância seja, com folga, do último. Sob esse aspecto, podemos sustentar que a sentença condenatória cumpre duas finalidades: a) declarar a existência do direito material invocado (para cogitarmos apenas deste); e b) impor ao vencido a obrigação de satisfazer aquele direito. Essa obrigação pode consistir em uma prestação de dar, fazer ou não fazer ou de pagar quantia certa — que é a mais comum, no processo do trabalho.

É possível afirmar-se, por isso, que a sentença condenatória é a única, dentre as demais, que atribui ao autor um novo direito de ação: a execução forçada, que traduz o direito à prestação jurisdicional executiva. Com o trânsito em julgado, portanto, ela se converte em um título executivo, pelo qual o credor poderá exigir, coercitivamente, do devedor, a prestação a que este se encontra obrigado.

Sentença condenatória — ou de "carga" condenatória prevalecente, como se queira — é a mais frequente no processo do trabalho, com larga vantagem sobre as outras. O motivo é evidente: sendo os direitos dos trabalhadores materialmente expressos, em sua grande maioria, segundo padrões monetários, eles se apresentam ao empregador sob a forma de pagar quantia certa, daí por que eventual lesão desses direitos ensejará a que o trabalhador ingresse em juízo para compelir o empregador a satisfazê-los. Como, em princípio, os efeitos da sentença devem corresponder ao que foi pedido pelo autor, tem-se aí a razão pela qual os pronunciamentos jurisdicionais condenatórios se revelam de maciça ocorrência no processo do trabalho.

Geralmente, as sentenças condenatórias possuem efeito *ex tunc*, vale dizer, fazem recuar os seus efeitos à época em que o devedor deixou de adimplir a obrigação, salvo se, nessa trajetória regressiva, forem tais efeitos obstados pela prescrição liberatória, que o juízo prolator tenha mandado respeitar.

A despeito de a doutrina ser afeita ao hábito de exaltar — não raro, com injustificado exagero — a sentença condenatória, sua utilidade e eficiência, considerando-a, até mesmo, a razão de ser do próprio processo, pretendemos demonstrar, nas linhas que se seguirão, que esse tipo de sentença não é tão útil, nem tão eficiente, quanto se tem propalado a mancheias e com certa inflexão retórica.

Quando, por exemplo, determinado direito do trabalhador é lesado, este ingressa em juízo com uma ação, em cuja inicial postula não a penhora de bens do empregador, mas a simples condenação deste à prestação correspondente (no caso, de pagar quantia certa). A efetiva satisfação dessa prestação somente será obtida mediante outro processo, que é o de execução.

Isso demonstra que a sentença condenatória, por si só, muito pouco representa para o trabalhador, em termos de reparação do direito violado. Em verdade, essa espécie de sentença, após submeter-se ao fenômeno da coisa julgada material, nada mais faz gerar do que um título, que habilitará o empregado a deduzir uma nova pretensão, que é a executiva. Vista sob esse ângulo, a sentença condenatória em muito pouco se distingue da declaratória e da constitutiva, porquanto todas elas, de certa maneira, se exaurem dentro dos seus limites, ou seja, com a condenação, a declaração ou a constituição.

Se é exato que a sentença condenatória revela um mais, quando comparada com a declaratória, pois esta, como sabemos, valendo como mero preceito, é inexequível, não menos verdadeiro é que ela espelha um menos, se confrontada com a que é emitida nas ações ditas executivas, como é a de despejo, no sistema do processo civil.

O fato de a sentença declaratória conter um *minus*, com relação à executiva, decorre do fato de aquela ser dotada de aptidão para produzir transformações, apenas, no plano jurídico, enquanto esta, ao contrário, produz modificações no plano factual, que se configura, *e. g.*, pela intromissão estatal no patrimônio do devedor. Como diz Pontes de Miranda, a sentença condenatória, assim como a declaratória e a constitutiva, contêm, unicamente, pensamento; já a sentença executiva encerra ato.

Se verificarmos, pois, que o trabalhador, ao ingressar em juízo, nada mais pretende, do ponto de vista prático (único, aliás, que para ele faz sentido), do que obter um provimento jurisdicional que possibilite a eficaz satisfação do seu direito lesado, mediante, se necessário, a transferência coercitiva de parte do patrimônio econômico do réu, para o seu, constataremos que a sentença condenatória chega a ser-lhe frustrante, vez que o seu limite não vai além da condenação do réu ao pagamento das quantias pleiteadas. Desse modo, em poder de uma sentença condenatória, o trabalhador tem pouco motivo para regozijar-se, porquanto, para alcançar a efetiva reparação do dano sofrido, deve dar início a um outro processo, distinto do anterior, que é o de execução. A sentença condenatória, por isso, não passa de um ato preparatório da execução, pois, como leciona Chiovenda, a sua finalidade está confinada à verificação do direito; só a execução faz atuar o direito.

Justamente, por estar adstrita à mera verificação do direito é que a sentença condenatória só opera transformação no mundo jurídico, ficando reservada para execução a transformação no plano dos fatos — único objetivo que põe o trabalhador em juízo, na hipótese de que estamos a cogitar. Essa particularidade levou, a propósito, Liebman a asseverar, com razão, que a sentença condenatória, ao passar em julgado, faz, tão somente, consumar a demanda, sem propiciar a satisfação do direito reconhecido.

Por isso tudo é que nos abalançamos a dizer que a sentença condenatória, se examinada segundo a perspectiva de sua finalidade e de seus limites, e considerados os reais motivos que levam o autor a ingressar em juízo e sua visão pragmática do processo, é de eficiência duvidosa, não se justificando, em face disso, os elogios excessivos que vem recebendo por parte de uma doutrina que ainda não se deu conta de que a mera condenação não basta para a atuação do direito declarado. É necessário, diante disso, que, *de lege ferenda*, se dote o processo do trabalho de uma ação de natureza executiva, semelhante a de despejo ou de depósito, do processo civil, cuja sentença, para fazer com que as coisas se disponham, no campo da realidade concreta, de acordo com a dicção jurisdicional, prescinde de um processo de execução posterior. Sentenças que, em derradeira análise, são autoexecutáveis — e nisso reside, sem dúvida, a sua excelência prática.

Como o momento é de revisão crítica, pensamos que o próprio processo de conhecimento esteja a reclamar uma reformulação, para ver-se liberto de certos entraves que estão a transformá-lo em causa de lentidão na entrega da prestação jurisdicional e a comprometer o prestígio do Poder Judiciário.

Se é certo que o homem moderno tem pressa, não menos exato é que o trabalhador tem necessidade de obter uma rápida (e boa) resposta jurisdicional às pretensões que sói deduzir em juízo, pois estas, quase sempre, estão ligadas à sua sobrevivência. O indivíduo, proibido de realizar justiça pelas próprias mãos, vê-se compelido a invocar a tutela do Estado-Juiz; a partir daí, tem início um procedimento longo e moroso, rumo à sentença de mérito. Essa demora na entrega da prestação jurisdicional compromete não só o prestígio do Poder Judiciário, como faz brotar no espírito da parte um justificado sentimento de desesperança; quando não, de revolta. A obsolescência da estrutura do processo de conhecimento tradicional é manifesta e preocupante. Levados às últimas consequências, os salutares e democráticos princípios do contraditório, com sua dialética instigante, e o da ampla defesa, com sua tolerância às manobras procrastinatórias, empreendidas pelo réu, acabaram por impor a esse procedimento uma lenteza irritante e iníqua. Podemos, mesmo, afirmar que esse procedimento lembra, em muito, os extintos dinossauros: pesados, lentos, quase inúteis. Não hesitamos, por esse motivo, em concluir que o procedimento cognitivo representa, nos dias atuais, o elemento paleolítico de nosso sistema processual.

Um discurso a respeito do compromisso histórico assumido pelo Estado, no que tange à entrega, de maneira célere, da prestação jurisdicional impetrada, é algo que não se compreende no objetivo deste Capítulo. Apesar disso, a crítica ao processo de conhecimento e à ação condenatória, que acabamos de formular, foram imperativos de nossa consciência, política e jurídica. Como à crítica deve seguir a sugestão, cremos ser imprescindível a adoção de um procedimento onde a cognição possa ser sumária, sem deixar de ser exauriente, pois o juízo, neste caso, é de certeza e não de probabilidade ou de verossimilhança. Para isso, a resposta (exceção, contestação, reconvenção e o mais) do réu deveria ser apresentada por escrito, na secretaria, em prazo legalmente preestabelecido; o número de testemunhas poderia ser reduzido, levando-se em conta o fato de que, modernamente, a valoração dessa prova é feita com vista à qualidade do testemunho e não à quantidade de testemunhas; a confissão presumida, em matéria de insalubridade e de periculosidade, deveria ser aceita; a eliminação de alguns recursos, como o de revista, e a simplificação do sistema de impugnação das sentenças seriam também necessárias.

Por outro lado, a instituição de ações de traço executivo, que substituíssem algumas das atuais condenatórias, teria o mérito de permitir que, ocorrido o trânsito em julgado, as sentenças aí proferidas produzissem efeitos por si mesmas, ou seja, dispensassem a instauração de um outro processo, o de execução, para ver operadas, no plano dos fatos, as transformações da realidade desejadas pelo autor.

4. Sentença mandamental

Parcela considerável da doutrina ainda resiste à ideia de admitir a sentença mandamental como uma espécie distinta e autônoma, a figurar ao lado das clássicas declaratória, constitutiva e condenatória, argumentando que "não se trata de categoria processual congruente com as anteriores, pois não se funda na natureza peculiar da prestação jurisdicional invocada, mas, sim, no destinatário da sentença" (CINTRA; GRIONOVER; DINAMARCO, *op cit.*, p. 270/271)

Nós mesmos pensávamos assim.

O estudo da obra de Biscardi, (*La Protezione Interditale nel Processo Romano*, 1938), contudo, permitiu a alguns juristas conhecer, em maior profundidade, o processo interdital romano, cujo fato foi extremamente significativo, pois, a contar daí, os conceitos de jurisdição (*ius dicere*) e de império (*imperium*) foram separados, passando os estudiosos a perceber a distinção entre ambos. Constatou-se, particularmente, que o império não traduzia uma atividade jurisdicional típica, senão que uma forma peculiar de manifestação da soberania do Estado.

Pontes de Miranda, por sua vez, já advertia que os doutores medievais, fazendo uso abusivo dos conceitos pertinentes à *notio* (cognição) e ao *imperium* (execução), acabaram por criar embaraços ao estudo das cinco modalidades de ação (declaratória, constitutiva, condenatória, mandamental e executiva), "não só porque as separavam em dois blocos únicos, como também porque acentuaram, demasiadamente, as diferenças entre elas". (*Comentários ao Código de Processo Civil*. Rio: Forense, tomo X, p. 537)

No preciso magistério desse jurista, na ação executiva a parte quer mais, vale dizer, quer o ato do juiz, fazendo não o que este faria, como juiz, mas sim, o ato que a própria parte deveria ter praticado; ao contrário disso, "no mandado, o ato é ato que só o juiz pode praticar, por sua estatalidade. Na execução, há mandados — no decorrer do processo; mas a solução final é ato da parte (solver o débito). Ou do juiz, forçando"(*Ibidem*, p. 64)

São inconfundíveis entre si, portanto, o mandado emitido na ação de segurança e o mandado que é expedido na execução forçada. Enquanto este constitui, essencialmente, ato da parte, ou melhor, ato que o juiz realiza em nome do litigante, aquele figura como ato estatal (*imperium*), assim entendido o que corresponde a uma atuação originária do Estado, que não é feita, portanto, em substituição a do indivíduo. O traço comum, que há entre ambos os mandados, está em que são dotados de aptidão para realizar transformações no mundo dos fatos, embora o *mandamus* característico da ação de segurança não implique expropriação patrimonial, ou seja, transferência de bens do patrimônio de uma das partes (devedor) para o da outra (credor), como se dá no mandado próprio das execuções forçadas.

Um outro aspecto, capaz de contribuir para a aviventação da linha que separa o mandado emitido em ação de segurança do que é extraído na execução forçada, repousa no pedido formulado nessas ações. Enquanto, na execução, o mandado é derivante de uma ação anterior, condenatória, na ação de segurança o *mandamus* representa o próprio pedido formulado, o objeto da ação, enfim.

Repisemos o assunto para dizer que tanto a sentença mandamental quanto a execução acarretam transformações na realidade, no mundo factual, por assim dizer. Ocorre que, no processo cognitivo (sentença condenatória), essa transformação se realiza exogenamente, ou seja, fora desse processo (pois a sentença condenatória, como vimos, só atua no plano jurídico, só contém pensamento e não ato), ao passo que, na ação mandamental, essa modificação se dá endogenamente, isto é, dentro do próprio processo.

Em síntese depurada, Ovídio Baptista da Silva aponta os seguintes traços que distinguem as ações executivas, em sentido amplo, das mandamentais: a) nas ações condenatórias, o trânsito em julgado da sentença não é bastante para operar as transformações no mundo dos fatos, desejadas pelo autor (credor), consistente, no caso de obrigação de pagar quantia certa, na transferência de parte do patrimônio do devedor para o do credor. Para que isso ocorra, há necessidade de uma nova ação (de execução); b) na atividade que se suceder a uma ação executiva (como a de depósito), à semelhança do que se passa no âmbito da sentença condenatória, há necessidade de uma intromissão no patrimônio do réu, para transferi-lo, no todo ou em parte, ao do autor. A diferença se localiza, contudo, no fato de que, nas ações executivas (depósito, despejo etc.), essa transferência patrimonial já é realizada pela própria sentença, ao declarar o bem ilegitimamente possuído pelo réu. Aqui, não há necessidade de estabelecer-se a "modificação da linha discriminativa entre os dois patrimônios, depois da sentença", de que fala Pontes de Miranda, vez que dita separação é feita pela sentença executiva. Em todos esses casos, a atividade subsequente à sentença é jurisdicional e executiva, pois a matéria de que ela trata é atividade originalmente privada, apenas praticada pelo magistrado, em substituição à parte; c) numa ação de segurança, ao contrário, conquanto a transformação da realidade se efetive no mesmo processo (que é de conhecimento), dispensando-se, assim, uma nova ação (de execução), essa transformação não só é atividade tipicamente estatal (*imperium*), e, portanto, o juiz não age em substituição à parte, como os atos executivos não são dirigidos ao obrigado (adversário). (*Sentença e Coisa Julgada*. 2. ed. Porto Alegre: Sérgio Antonio Fabris, 1988. p. 88/89)

De resto, como afirmamos anteriormente, a despeito de serem inconfundíveis os atos ulteriores à sentença executiva (ação de despejo, *v. g.*) e os que se sucedem à ação de segurança, esses atos apresentam um ponto de contato, que, de um lado, os assemelham, e, de outro, sublinham a diferença de ambos, no tocante aos atos subsequentes às sentenças condenatórias. Referimo-nos ao fato de que tanto a sentença proferida na ação executiva quanto a emitida na ação de segurança serem dotadas de aptidão para realizar, por si mesmas, transformações no mundo dos fatos, enquanto as lançadas na ação condenatória não vão além de modificações no plano jurídico. Para que as transformações da realidade (fatos) se operem, necessitam de um novo processo, o de execução. Sob esse ângulo, as sentenças condenatórias se igualam à declaratória e à condenatória, formando um bloco que, de certa maneira, se opõe às executivas e às mandamentais.

De quanto expusemos até este ponto, parece-nos irrecusável o reconhecimento da existência da sentença mandamental como classe distinta, levando-se em consideração que: a) ao contrário do mandado expedido em decorrência de sentença condenatória (onde há *iuris dictio* manifesta), o mandado de segurança é ato de império, porquanto, ao outorgá-lo, o juiz não atua em substituição à parte e, sim, em nome da soberania estatal. Cabe lembrar que, em Roma, os magistrados exerciam certas funções pretorianas, representadas por um procedimento diverso do que era próprio da *actio:* o procedimento interdital, onde havia mais *imperium* do que *notio;* b) enquanto, na ação condenatória, o autor pede, unicamente, que se atribua ao réu a obrigação de satisfazer determinada obrigação (= verificação do direito), pois a transformação da realidade (= atuação do direito) só será possível por meio de novo processo (de execução), na ação de segurança o mandado não só figura como o próprio *petitum,* equivale a dizer, o objeto essencial da ação, como é dotado de aptidão para realizar, no plano da realidade concreta (mundo factual), as transformações pretendidas pelo autor.

O fato de o mandado de segurança não visar à transferência de parcela do patrimônio de uma parte para o da outra, longe de caracterizar a sua identidade com o mandado executivo, acentua-lhe a dessemelhança quanto a este e, assim, justifica a colocação, da ação que o gera, em classe distinta: a mandamental.

5. Sentença executiva

Há determinados provimentos jurisdicionais de fundo cuja natureza e finalidade não se quadram as dos condenatórios, dos declaratórios, dos constitutivos e dos mandamentais: são as denominadas sentenças executivas, desconhecidas pelo processo do trabalho e das quais podem ser citadas como exemplo, no processo civil, as emitidas nas ações de despejo, de depósito, de busca e apreensão e possessórias.

Essa classe de sentença, ao inverso das condenatórias, não se limita à verificação do direito (transformação, apenas, no mundo jurídico), senão que faz atuar o direito (transformação no plano dos fatos). Nem se confunde com a execução forçada (*actio iudicati*), pois esta decorre de uma sentença condenatória, ou seja, de uma demanda anterior; já a ação executiva não se prende a nenhuma outra, sendo, portanto, originária e autossuficiente.

Opostamente ao que ocorre nas ações condenatórias, onde o autor nada mais pede do que a verificação do direito, equivale a dizer, o reconhecimento da existência de uma obrigação, por parte do réu, e a consequente condenação deste a satisfazer a correspondente prestação, nas ações do tipo executivo. Exemplo dessa modalidade de ação era a de *depósito*, prevista no art. 902, do CPC de 1973, em que o autor postulava, desde logo, a entrega da coisa, o seu depósito em juízo ou a consignação, pelo réu, do equivalente em dinheiro, cabendo ao juiz, se fosse o caso, fazer expedir mandado para esse fim (*ibidem*, art. 904, *caput*).

Por outras palavras, na ação condenatória, deixando o réu de atender à imposição jurisdicional, deverá o autor utilizar-se de uma nova ação (execução), para fazer atuar o direito reconhecido pela sentença proferida no processo anterior; na ação executiva, contudo, a execução se faz por força de mandado extraído em decorrência do próprio pedido formulado na petição inicial, prescindindo, assim, de outra ação (*actio iudicati*), para fazer operar as necessárias transformações na realidade factual. Por isso, afirmamos há pouco que essa espécie de ação é autossuficiente (ou auto-operante, como se preferir), pois contém, em si mesma, os elementos necessários à referida modificação do mundo dos fatos. A sentença executiva, portanto, é provida de ato (= transformação), ao passo que a condenatória nada mais possui do que pensamento (enunciado lógico), segundo a construção peculiar de Pontes de Miranda. A sentença executiva encerra, assim, um *plus*, com relação à condenatória; ou talvez fosse mais apropriado dizer que esta revela um *minus*, se cotejada com aquela.

O que nos parece relevante observar, a esta altura, é a necessidade de ser reconhecida a presença, em nosso sistema processual, das ações executivas, ao lado da mandamental e das tradicionais declaratória, constitutiva e condenatória, de tal maneira a ficar consagrada essa classificação quinária das ações, na linguagem de Pontes de Miranda.

A propósito, devemos também dizer que as três espécies de sentença, a que chamamos de tradicionais, possuem um elemento comum, representado pela singularidade de possuírem, apenas, pensamento, motivo por que são destituídas de eficácia para realizar modificações no domínio pleno dos fatos. As executivas e as mandamentais, todavia, possuem essa aptidão, fazendo com que as coisas se disponham na prática (modificação da realidade factual) de acordo com o conteúdo do provimento jurisdicional. Nessas duas classes de ação, convém reiterar, o mandado (de depósito, de despejo ou de segurança, conforme seja o caso) constitui objeto do próprio pedido, é proveniente da própria demanda. O mandado típico da execução forçada, entretanto, não emana da sentença condenatória, mas do processo de execução, que somente se liga àquela por um traço lógico e cronológico, na medida em que a execução tem como pressuposto a condenação.

6. Sentença normativa

Admitida a classificação quinária das ações e considerando que a nossa exposição, até esta quadra, teve em mira as demandas individuais, façamos, a seguir, um breve estudo a respeito da "sentença" normativa, submetendo-a à mencionada classificação.

Antes, contudo, devemos esclarecer que, ao rigor da técnica, constitui impropriedade o uso da expressão sentença normativa, a despeito de reconhecermos que se encontra arraigada no gosto dos estudiosos. Sucede que, sendo o pronunciamento jurisdicional emitido pelos órgãos de primeiro grau legalmente denominados de sentença, e os efetuados pelos tribunais, de acórdãos, o correto será aludir-se a *acórdão normativo*, sabendo-se que é da competência exclusiva dos tribunais o julgamento dos dissídios coletivos (CF, art. 114). Eis a razão por que empregamos, no início deste Capítulo, aspado, o substantivo sentença. A locução dissídio coletivo, por sua vez, não está imune a reparo, quando usada como sinônimo de ação. Como advertimos anteriormente, dissídio significa o conflito (no caso, coletivo) de interesses; logo, o dissídio preexiste ao ajuizamento da ação. Se deseja-se pois, evitar um vício acirológico, aluda-se a ação coletiva e não a dissídio coletivo, quando se pretender expressar esse direito público que possuem as entidades sindicais, no que atine a invocar a prestação da tutela jurisdicional normativa.

A ação coletiva pode ser apontada como a nota peculiar do processo do trabalho, pois o símile civil não possui ação dessa natureza. A legitimidade para o exercício dessa ação *sui generis*, aliás, é atribuída, constitucionalmente, às entidades sindicais (CF, art. 114, § 2.º). A jurisdição normativa, por outro lado, comete aos tribunais do trabalho esse poder extraordinário de ditar normas destinadas a regular, para além da lei, mas não contra ela, as relações materiais entre trabalhadores e empregadores, no âmbito de determinada categoria.

Os acórdãos, que os tribunais emitem no exercício desse poder normativo, implicam um inequívoco rompimento com a tradição jurisdicional, segundo a qual a função do juiz é aplicar a lei ao caso concreto submetido à sua cognição. Assim asseveramos, porque os acórdãos normativos — como a própria denominação está a indicar — são ontologicamente dotados de aptidão para criar a norma jurídica material que irá integrar o amplo círculo que envolve as categorias profissional e econômica, representadas na ação pelos respectivos sindicatos (embora a jurisprudência venha admitindo a possibilidade de a ação coletiva ser ajuizada, pelo sindicato, em face de uma ou mais empresas). Destacamos o adjetivo "material" para deixar insinuada a impossibilidade de o acórdão normativo dispor sobre regras processuais. Sendo da competência privativa da União legislar sobre processo (CF, art. 22, I), que, ao contrário do direito material, pertence ao ramo do Direito Público, é evidente que os tribunais, no desempenho da jurisdição normativa, não podem invadir esses domínios legislativos da União.

O acórdão normativo, em suma, não tem como objetivo a aplicação da lei ao caso concreto, mas a criação da norma jurídica, que, como dissemos, irá reger as relações materiais intersubjetivas, no plano das categorias. Sendo assim, podemos concluir que o mencionado acórdão não tem função aplicante (de norma preexistente), senão que "jurígena" (criadora da norma), se nos permitem o neologismo. Já se disse, com propriedade, que o acórdão normativo tem corpo de "sentença" e alma de lei, ou seja, que é "confusionista de poderes" (GALLART-FOLCH).

Podem ser apontadas como características do trinômio jurisdição/ação/acórdão normativo, sem prejuízo de outras, as seguintes:

a) a legitimidade para o exercício da ação coletiva é atribuída pela Constituição Federal às entidades sindicais (art. 114, § 2.º);

b) como, nessa modalidade de ação, não se visa à aplicação de norma legal (preexistente), mas à criação de norma jurídica, tendente a reger as relações materiais entre os integrantes das categorias que figuram no processo como parte, não se pode pensar em julgamento *ultra, extra* ou *infra petita;*

c) por essas mesmas razões é que não incidem, na ação coletiva, certos princípios processuais, em outras circunstâncias inafastáveis, como, *v. g.*, o da impugnação especificada dos fatos (CPC, art. 341), o da revelia (CLT, art. 844, *caput*), o da *ficta confessio* (*ibidem*). Como, porém, a pretensão normativa faz gerar uma relação processual, são aplicáveis à ação coletiva, entre outros, os seguintes princípios constitucionais: 1) da inafastabilidade da jurisdição (art. 5.º, XXXV); 2) do juiz natural (art. 5.º, XXXVII); 3) do contraditório e da ampla defesa (art. 5.º, LV); 4) do devido processo legal (art. 5.º, LIV); 5) da autoridade competente (art. 5.º, LIII); 6) da publicidade (arts. 5.º, LX e 93, IX); 7) da fundamentação das decisões (art. 93, IX); 8) da licitude dos meios de prova (art. 5.º, LVI); 9) da igualdade de tratamento (art. 5.º, *caput*), assim como os princípios infraconstitucionais: 1) do impulso *ex officio* (CLT, art. 765 e 878; CPC, art. 2.º); 2) da economia (CPC, art. 57); 3) da lealdade aos fatos (CPC, art. 77, I); 4) da livre investigação das provas (CPC, art. 371 e CLT, art. 765). Como é óbvio, esses princípios, ao atuarem na ação coletiva, deverão receber, sempre que for o caso, o indispensável temperamento, a fim de que se amoldem às singularidades desse processo;

d) os efeitos do acórdão normativo não ficam, necessariamente, circunscritos aos trabalhadores representados pelo sindicato que ajuizou a ação, podendo ser estendidos aos demais empregados da empresa (CLT, art. 868) ou a todos os integrantes da categoria profissional (CLT, art. 869). No primeiro caso, a extensão decorrerá de iniciativa do tribunal competente, no momento em que estiver procedendo ao julgamento da ação coletiva; no segundo, conquanto possa provir, igualmente, de uma atuação *ex officio* do tribunal, a extensão da decisão sobre novas condições de trabalho pode ser solicitada por quaisquer dos sindicatos que são parte no processo ou pela Procuradoria da Justiça do Trabalho, observado o procedimento traçado pelos arts. 870 e 871 da CLT;

e) enquanto, nas ações individuais, há uma identificação dos titulares do direito material controvertido e, em consequência, uma especificação subjetiva dos pedidos, nas ações coletivas estão em jogo interesses gerais e abstratos da categoria, portanto, não individualizados;

f) ao contrário dos demais pronunciamentos da jurisdição, o normativo tem alcance *erga omnes*, vale dizer, produz efeitos mesmo no círculo jurídico daqueles que não figuraram no processo original, como se dá, por exemplo, no caso de extensão da decisão, calcada nos arts. 868 e 869 da CLT;

g) o acórdão proferido nas ações coletivas, cujas pretensões sejam de natureza econômica, submete-se ao fenômeno da coisa julgada material, fazendo-o, todavia, singularmente, com a cláusula *rebus sic stantibus*, de tal arte que possa ser submetido à revisão, de que cuidam os arts. 873 a 875 da CLT;

h) o acórdão normativo pode ser objeto de ação de cumprimento (CLT, art. 872, parágrafo único), com base na simples certidão do julgamento, desde que decorridos vinte dias da data em que este foi realizado (Lei n. 7.701/88, art. 7.º, § 6.º);

i) as cláusulas constantes dos acórdãos normativos, a exemplo do que se passa com as cláusulas contidas em acordos coletivos ou convenções coletivas de trabalho, não possuem *ultratividade*, significa dizer, não se integram ao contrato de trabalho após a cessação do ato (jurisdicional ou privado) que originou essas disposições (CLT, art. 614, § 3.º, *in fine*).

7. Classificação

Demonstradas, em linhas gerais, as particularidades do trinômio ação/jurisdição/acórdão normativo, vejamos agora, quais os efeitos inerentes a este tipo de pronunciamento jurisdicional, segundo a classificação quinária das ações que apresentamos anteriormente.

O acórdão normativo, como ficou dito, tem caráter "jurígeno", pois, ao contrário dos demais provimentos da jurisdição, que, regra geral, se restringem à aplicação dos dispositivos ao caso concreto, é constitucionalmente dotado de uma especial aptidão, consistente na criação de normas materiais, destinadas a reger as relações entre as categorias profissional e econômica correlativas.

Está claro, portanto, que não tendo o acórdão em exame eficácia para realizar transformações no plano da realidade factual, ou seja, no mundo dos fatos, mas, somente, para gerar a norma jurídica material, o seu efeito não pode ser condenatório, nem executivo, nem mandamental.

Conforme pudemos deixar exarado, em linhas passadas, unicamente as sentenças executiva e mandamental são providas de uma força especial, que as faz operar modificações no campo fenomênico. Sendo assim, cabe-nos, por exclusão, examinar a natureza do acórdão normativo à luz das duas outras classes de provimentos jurisdicionais restantes, quais sejam, o constitutivo e o declaratório, sendo certo que tais acórdãos não possuem efeito condenatório.

Para tanto, devemos levar em conta a existência de pretensões normativas de cunhos: a) econômico e b) jurídico, segundo a divisão e a nomenclatura adotadas pela doutrina, pela jurisprudência e pela própria legislação. Em rigor, esse critério distintivo das duas espécies referidas é imperfeito, pois há algumas cláusulas normativas que contêm pretensões que não podem ser classificadas nem como econômicas, nem como jurídicas, como, *e. g.*, as respeitantes ao fornecimento de carta de apresentação do trabalhador despedido sem justa causa, à indicação dos motivos pelos quais o trabalhador foi despedido etc. Na prática, chega a ser tormentoso saber se determinada cláusula normativa é de índole econômica, ou não.

Pondo de parte, no entanto, essas dificuldades de ordem pragmática e a imperfeição doutrinária dessa divisão dicotômica das cláusulas normativas em econômicas e jurídicas, devemos dizer que os acórdãos proferidos nas ações coletivas podem ter efeito constitutivo ou declaratório, conforme sejam de natureza econômica ou jurídica, respectivamente, as cláusulas apresentadas pelos demandantes.

Realmente, se a ação tem como finalidade o estabelecimento de novas relações de trabalho (sentido econômico), o acórdão terá efeito constitutivo, uma vez que estará criando a norma jurídica material, que, como tantas vezes ressaltamos, irá reger as relações entre as categorias envolvidas no conflito coletivo. Na verdade, em se tratando de ação coletiva originária, o acórdão estará criando a relação jurídica entre as partes; não sendo originária a ação dessa natureza, o acórdão estará modificando uma relação jurídica preexistente. Em situações extremamente raras, o acórdão normativo poderá extinguir essa relação estabelecida entre as partes. Seja, pois, criando, modificando ou fazendo cessar a relação jurídica, o acórdão emitido nas ações coletivas, ditas de natureza econômica, terá efeito constitutivo.

Quando, todavia, a ação coletiva tiver como objetivo não a criação de novas condições de trabalho ou a alteração das existentes, mas a interpretação de norma legal ou de cláusula constante de acordo, convenção ou decisão normativa (sentido essencialmente jurídico), o acórdão, aí lançado, terá, segundo se tem propalado, efeito declaratório. A declaração emitida pelo tribunal valerá como simples preceito, destinado a incidir nos casos concretos, representados pelas ações individuais onde a cláusula interpretada seja invocada como fundamento do pedido. Como preceito, a interpretação dada pelo tribunal à cláusula inserta no instrumento normativo não é de aceitação obrigatória. O digesto processual civil de 1939 – a propósito, mais didático, neste ponto, do que o de 1973 e o de 2015 –, esclarecia: "Na ação declaratória, sentença que passar em julgado valerá como simples preceito mas a execução do que se houver declarado somente poderá promover-se em virtude de sentença condenatória" (art. 290, *caput*).

Note-se, contudo, que a despeito de o acórdão normativo em estudo possuir um sentido declaratório, não se cuida, na espécie de ação declaratória, pois esta tem como objeto a existência ou inexistência ou modo de ser de relação jurídica ou a autenticidade ou falsidade de documento, nos termos do art. 19. Na verdade, tal acórdão tem conteúdo interpretativo, sendo, por isso, *sui generis*. Logo, a sua categorização jurídica na classe dos provimentos declaratórios é, senão inadequada, forçada, porquanto, longe de emitir declaração sobre a relação jurídica ou sobre documentos, esse acórdão interpreta cláusulas contidas em acordo, convenção ou decisão normativa. Na falta de uma classe específica de pronunciamentos interpretativos, a figurar ao lado dos consagrados declarativos, constitutivos, condenatórios, mandamentais e executivos, a doutrina preferiu introduzir o acórdão normativo-interpretativo no grupo dos declaratórios, para não deixá-lo solto no sistema, como se fosse um elemento alienígena.

Parece-nos, entretanto, que a larga predominância da carga de interpretação, que nutre os acórdãos lançados em ações coletivas classificadas como "de natureza jurídica", autoriza o reconhecimento doutrinário de uma nova espécie de dicção jurisdicional, tão marcante quanto as que integram a classificação quinária: a interpretativa.

Como dissemos, se o escopo da ação genuinamente declaratória reside no conseguimento de um ato jurisdicional que faça desaparecer a incerteza a respeito da existência ou inexistência de relação jurídica ou da autenticidade ou falsidade de documento, é evidente que não se pode, sem forçar os princípios e os conceitos, considerar o acórdão *sub examen* como sendo declaratório, porquanto o seu elemento teleológico repousa na interpretação de determinada cláusula normativa. Interpretar não é o mesmo que declarar, sob o ponto de vista da técnica jurídica. Quando os Tribunais do Trabalho interpretam o senso literal ou histórico de uma cláusula normativa, não entra em consideração nenhuma relação jurídica, entendida esta como o vínculo existente entre pessoas ou entre pessoas e coisas, regida pelo direito; tampouco se cogita de documento, como objeto da cognição jurisdicional. Sendo assim, o que resta, então (como fundamento jurídico), para afirmar que o acórdão é declaratório, a não ser a hesitação da doutrina em proclamar a presença, em nosso meio, de uma nova espécie de pronunciamento da jurisdição, a que bem poderíamos denominar de interpretativo, e, com isso, contribuir para a afirmação da especificidade do processo do trabalho e para o aprimoramento da classificação científica dos provimentos que emanam da correspondente Justiça especializada?

Bem faria, pois, a doutrina predominante se revise a sua opinião taxinômica, quanto aos acórdãos normativos, para reconhecer que os "declaratórios" são, na verdade, interpretativos, considerando-se os efeitos que lhe são inerentes.

É conveniente salientar que, desde Roma (com as *praejudicialis*), passando pelo direito medieval (com os juízos provocatórios), a ação declaratória teve como objeto uma relação jurídica. Assim também se deu no sistema das Ordenações reinóis portuguesas, onde a presença dos "juízos provocatórios" era marcante. O atual Código de Processo Civil brasileiro manteve-se, pois, nessa linha tradicional, sendo o seu art. 19, ao que parece, uma reprodução do art. 256 do Código germânico de 1877.

Destarte, não deixa de ser algo perturbador dessa tradição o fato de estarem alguns juristas a asseverar que os acórdãos proferidos nas ações coletivas de natureza meramente jurídica possuem efeito declaratório, como se essa conclusão estivesse em absoluta congruência com os conceitos já sedimentados.

Atrevemo-nos, portanto, a afirmar, heterodoxamente, que os acórdãos de que estamos a ocupar-nos devem ser introduzidos em uma nova classe, a dos interpretativos, abandonando, com isso, a categoria dos declaratórios, em que haviam sido colocados pela doutrina, num gesto que não atendeu aos rigores científicos.

No mais, é oportuno dilucidar que os provimentos jurisdicionais dotados de efeito interpretativo passam em julgado, embora não produzam o fenômeno jurídico da *res iudicata* material. O que foi objeto da interpretação deverá constituir, se for o caso, o fundamento de pedidos a serem formulados em ações de outra natureza.

|Capítulo V|

SENTENÇA DEFINITIVA E SENTENÇA TERMINATIVA

1. Sentença definitiva

Na vigência do CPC de 1939, a expressão "sentença definitiva" era utilizada para designar os pronunciamentos jurisdicionais que ingressavam no exame do mérito da causa. O estatuto processual de 1973 abandonou essa nomenclatura, preferindo, originalmente, conceituar a sentença como o ato pelo qual o juiz punha fim ao processo, examinando, ou não, o mérito da causa (art. 162, § 1.º). Posteriormente, esse Código reformulou o conceito de sentença, para tê-lo como "o ato do juiz que implica algumas das situações previstas nos arts. 167 e 269 desta Lei". Essa reformulação, conforme dissemos em linhas anteriores, se deu por obra do sincretismo realizado por esse Código, consistente em trazer para o processo de conhecimento a clássica execução por quantia certa, rotulando-a de *cumprimento da sentença*.

O art. 203, § 1.º, do CPC de 2015, conceitua a sentença como o pronunciamento, fundado nos arts. 485 e 487, pelo qual o juiz "põe fim à fase cognitiva do procedimento comum, bem como extingue a execução". Esse conceito, *mutatis mutandis*, corresponde ao reformulado pelo art. 162, § 1.º, do CPC de 1973, pós-sincretismo, por assim dizer.

A conceituação de sentença, enunciada no art. 203, § 1.º, do CPC de 2015, não se ajusta ao processo do trabalho, pois, aqui, não houve o sincretismo a que nos referimos: no processo do trabalho, os processos de conhecimento e de execução possuem autonomia procedimental.

O que se pode fazer é uma espécie de imbricação parcial do art. 203, § 1.º, do CPC de 2015, com o art. 162, § 1.º, do CPC de 1973 (pós-sincretismo), por forma a construir-se o conceito de sentença que mencionamos em páginas pretéritas: ato pelo qual o juiz põe fim ao processo de conhecimento – mediante resolução, ou não, do mérito – ou ao processo de execução ou aos embargos do devedor.

Está lançada a sugestão.

A separação das sentenças em terminativas e definitivas, no Código de 1939, tinha repercussões no campo dos recursos, pois o ataque a estas deveria ser feito por meio de apelação (art. 820), ao passo que a impugnação àquelas era realizada mediante agravo de petição (art. 846). O digesto processual de 1973, sob este aspecto, simplificou o sistema, ao declarar que a sentença — tenha, ou não, examinado o mérito da demanda — será sempre apelável (art. 513). A remissão que o referido artigo do CPC fazia aos arts. 267 e 269, do mesmo texto, era extremamente elucidativa.

O CPC de 2015 também prevê a apelação da sentença (art. 1.009).

O que devemos, contudo, entender por *mérito*, para os efeitos processuais?

Estatuía o CPC de 1939, no art. 287, que "a sentença que decidir total ou parcialmente a lide terá força de lei nos limites das questões decididas", esclarecendo o parágrafo único que se considerariam decididas todas as questões que constituíssem premissa necessária da conclusão. Ao que tudo indica, o legislador daquele período se inspirou no Projeto que Carnelutti apresentou à Subcomissão Real, presidida por Mortara.

Antes de Carnelutti, o substantivo *lide* possuía um significado algo impreciso, pois ora era empregado para designar o conflito intersubjetivo de interesses, ora para identificar o próprio processo, como método estatal de solução desses conflitos. Decisiva foi a contribuição desse eminente jurista, com vistas ao acertamento doutrinal da matéria, ao conceituar a lide como o conflito de interesses qualificado pela pretensão manifestada por uma das partes (autor) e pela resistência oferecida pela outra (réu). Lide, em Carnelutti, é, portanto, a pretensão resistida e insatisfeita.

Ao redigir a Exposição de Motivos do Código de Processo Civil de 1973, o Prof. Alfredo Buzaid, consagrando o pensamento do ilustre jurista peninsular, cuidou de advertir que "o projeto só usa a palavra lide para designar o mérito da causa" (Cap. II, n. 6), arrematando ser a lide o objeto principal do processo, pois "nela se exprimem as aspirações em conflito de ambos os litigantes" (*ibidem*).

Coerente com essa orientação, o legislador inseriu no Código de 1973 a declaração de que "a sentença que julgar total ou parcialmente a lide tem força de lei nos limites da lide e das questões decididas" (art. 468), reproduzindo, assim, praticamente, a expressão literal do art. 287 do Código de 1939, conquanto tenha deixado de repetir a regra constante do parágrafo único deste dispositivo.

Em diversos momentos, o CPC de 1973 utilizou o vocábulo *lide*, como ocorreu, por exemplo, nos arts. 5.º (sentença declaratória incidental, sempre que se tornar litigiosa relação jurídica "de cuja existência ou inexistência depender o julgamento da lide"); 22 (consequências processuais a serem suportadas pelo réu que, por não arguir em sua resposta fato modificativo, impeditivo ou extintivo do direito do autor, "dilatar o julgamento da lide"); 46, I (quando houver, entre os litisconsortes, "comunhão de direitos ou de obrigações relativamente à lide"); 47 (haverá litisconsórcio unitário — e, não necessário, como está aí dito, em manifesta escorregadela técnica — quando, por disposição de lei ou pela natureza da relação jurídica material, "o juiz tiver de decidir a lide de modo uniforme para todas as partes"); 110 (quando o conhecimento da lide depender, necessariamente, da verificação da existência de fato delituoso); 126 (cabe ao juiz, no julgamento de lide, aplicar as normas legais pertinentes); 132 (o juiz, titular ou substituto, que iniciar a audiência, concluirá a instrução, "julgando a lide"); 325 (quando, da declaração incidental sobre a existência ou inexistência do direito depender o julgamento da lide); 462 (superveniência de fato modificativo, impeditivo ou extintivo do direito, capaz de "influir no julgamento da lide"); 470 (faz coisa julgada a resolução da questão prejudicial se a parte o requerer, o juiz for competente em razão da matéria "e constituir pressuposto necessário para o julgamento da lide"); 475-G (veto à possibilidade de, na liquidação, "discutir de novo a lide"); 798 (concessão de providência cautelar inominada "antes do julgamento da lide").

Por outro lado, a expressão "julgamento antecipado da lide" identificava a Seção V, Título VIII, do Livro I.

Não foram raros, todavia, os casos em que o legislador fez uso do vocábulo *mérito* (= lide). Nos arts. 267 e 269, *v. g.*, se encontravam enumeradas as situações em que o processo seria extinto sem ou com pronunciamento acerca do mérito. Do art. 301 constavam as alegações que o réu deveria expender antes de contestar o mérito. Referência sobre o mérito eram também encontradas nos arts. 249, § 2.º (decisão do mérito a favor da parte a que a declaração de nulidade beneficiasse = princípio doutrinário da proteção); 265, IV (casos em que a sentença de mérito, para ser proferida, dependia de outros fatos); 284 (quando a petição inicial apresentasse defeitos e irregularidades que pudessem dificultar o exame do mérito); 405, § 2.º, I (inquirição de pessoas impedidas, sempre que isso fosse necessário ao julgamento do mérito); 459 (decisão concisa, quando ocorresse a extinção do processo sem exame do mérito); 808 (cessação da eficácia da medida acautelatória quando o juiz declarasse extinto o processo principal, com ou sem investigação do mérito); 866 (na justificação judicial, o magistrado não poderia se pronunciar a respeito do "mérito" da prova).

Desse modo, embora o Código de 1973 tivesse procurado manter-se fiel ao critério terminológico anunciado na Exposição de Motivos, segundo o qual o substantivo lide seria sempre utilizado como significante de mérito, a verdade é que, nos casos que acabamos de apontar, o legislador deixa-se apanhar em certos descuidos.

O CPC de 2015, ao contrário dos de 1939 e de 1973, colocou de lado o vocábulo *lide*, substituindo-o por *mérito*, conforme revelam, especialmente, os arts. 485, 486, 487, 488, 490, 493, 502, 508, 938, 966, *caput* e § 2.º. Houve situações, todavia, em que o a manutenção do vocábulo *lide* foi necessária, como no caso do art. 125 *(denunciação da lide)*.

Embora as considerações que até aqui expendemos tenham sido necessárias para a exata compreensão das sentenças de mérito, reconhecemos que ainda não respondemos à indagação formulada no início do Capítulo, no sentido de saber o que se deveria entender por mérito, sob a óptica processual. Dediquemo-nos, pois, a essa resposta.

Cândido Dinamarco, em minuciosa pesquisa, separa em três grupos os autores que se preocuparam em elaborar um conceito de mérito, a saber: a) os que o situam no plano das questões ou do complexo de questões concernentes à demanda; b) os que se valem da demanda ou de situação externa ao processo, mas a este trazida por meio da ação; c) especificamente, os que afirmam corresponder o mérito à própria lide. (*Fundamentos do Processo Civil Moderno*. São Paulo: Revista dos Tribunais, 1986. p. 188)

O que escreveremos a seguir constitui uma síntese do trabalho produzido pelo festejado jurista.

a) Foram, precipuamente, os autores italianos que passaram a ver o mérito nas questões de fundo do processo, com o que insinuaram confundir-se o *meritum causae* com as "questões de mérito". Sobressaem, dentre esses estudiosos, Liebman, Carnelutti e Garbagnati.

Em Liebman, a atividade cognitiva do juiz se prende ao objetivo de decidir se o pedido formulado pelo autor deve ser acolhido ou rejeitado. Dessa maneira, todas as questões cuja solução possa influir, de forma direta ou indireta, nessa decisão, formam, em seu conjunto, o mérito da causa. Carnelutti, por seu turno, afirma que o "mérito da lide" compreende o conjunto das questões materiais que a lide revela. De acordo com esse jurista, a questão decorre de dúvida relativa a razões em que se baseiam os pedidos das partes. Isso quer significar que, para solucionar o conflito de interesses, o juiz tem, muitas vezes, que resolver, antes, todos esses pontos duvidosos, que caracterizam as questões. Ponto, para Dinamarco, é "aquele fundamento da demanda ou da defesa, que haja permanecido incontroverso durante o processo, sem que as partes tenham levantado discussão a respeito (e sem que o juiz tenha, de ofício, posto em dúvida o fundamento); discordes as partes, porém, isto é, havendo contestação de algum ponto por uma delas (ou, ainda, havendo o juiz suscitado a dúvida), o ponto se erige em questão" (*ibidem*, p. 189/190).

Há pontos duvidosos que se referem a fatos, assim como existem os que respeitam a direitos. Tanto aqueles quanto estes dão origem às questões que, na doutrina carneluttiana, equivalem a mérito. Sob outro ângulo, as dúvidas podem estar relacionadas com determinados fatos e direitos que emanem de pretensões de natureza material ou com certas situações relativas ao processo em si, à ação e às condições para o seu regular exercício. Daí ser possível falar-se em questões substanciais (ou materiais) e questões processuais (ou formais).

Pondera Dinamarco, no entanto, que "o fato de uma questão (ou conjunto de questões) ter pertinência à relação material in *iudicium deducta*, caracterizando-se como questão de mérito, não significa que ela própria (a questão, ou grupo de questões) seja o mérito. Para decidir o mérito, assim como para declarar que o demandante está amparado por ação ou dela é carente, ou ainda para pôr ordem ao processo como tal e verificar-lhe os pressupostos, o juiz vai resolvendo questões, isto é, optando por pontos que lhe pareçam procedentes. É vital não confundir as questões com o próprio mérito, ou com a ação ou com o processo. Essa confusão é causa (ou será efeito?) do preconceito consistente em confinar o conceito de mérito à teoria do processo de conhecimento, excluindo-o do executivo"(*ibidem*, pág. 190)

É na fundamentação (ou motivação) da sentença que o juiz deverá solucionar as questões surgidas no processo; logo, incidiu em grave e manifesto equívoco o legislador processual civil ao asseverar, no art. 489, III, do Código, que no dispositivo o juiz "*resolverá* as questões principais que as partes lhe submeteram". *Data venia*, no capítulo dispositivo (*decisum*) da sentença, o juiz apenas proclamará o resultado de sua apreciação intelectual acerca das mencionadas questões. Dizer que no dispositivo serão dirimidas as questões é encambulhar as razões teleológicas que justificam a existência das três partes distintas que integram a estrutura formal dos pronunciamentos jurisdicionais providos de aptidão para dar fim ao processo, com ou sem exame do mérito. Demais, a redação dada ao inc. III do art. 489 é incompreensivelmente restritiva, pois as questões que o juiz soluciona (sempre na fundamentação, repisemos) não são apenas aquelas (principais) que os litigantes lhe submetem à apreciação, porquanto abarcam as que o julgador haja suscitado *ex officio*.

Garbagnati conceitua mérito como o "grupo de questões relativas ao fato constitutivo do direito invocado processualmente pelo autor e à escolha e interpretação das normas jurídicas que lhe serão aplicadas". (*Questioni di Merito e Questione Pregiudiziali*. p. 157, *apud* Cândido Dinamarco, *op. cit.*, p. 191). A opinião desse jurista peca, todavia, por haver circunscrito aos fatos de natureza constitutiva a possibilidade de configuração do mérito, como se essa possibilidade não pudesse aproveitar, igualmente, os modificativos, os impeditivos e os extintivos do direito alegado. Além disso, ao contrário do direito processual de nosso país, o italiano introduz no mérito as denominadas "preliminares de mérito"; em nosso meio, a doutrina prefere referi-las como prejudiciais de mérito (a prescrição extintiva é um exemplo clássico), para diferençá-las das preliminares típicas, que são as previstas no art. 337 do CPC, circunstância que coloca em evidência a inadequação do pensamento desse jurista à nossa realidade normativa.

De qualquer modo, reputamos ser destituído de interesse prático relevante investigar se a sentença se pronunciou somente sobre os fatos constitutivos ou se também o fez quanto aos modificativos, impeditivos e extintivos, uma vez que, em todas essas situações, houve dicção jurisdicional acerca do *meritum causae*.

Concordamos com Cândido Dinamarco quando diz que o mérito não é composto pelas "questões de fundo", pois ele é o próprio fundo (*ibidem*, p. 192). Esta observação, sim, possui inegável interesse prático, porquanto devendo as questões ser resolvidas na fundamentação e sabendo-se que apenas o que está no dispositivo passa em julgado, extrai-se a regra de que as questões (como decorrência de pontos duvidosos) não se submetem ao fenômeno da *res iudicata*, exceto se tratar-se de questão prejudicial, e, ainda assim, desde que atendido o disposto no art. 503, § 1.º, do CPC. Citamos, em apoio a este nosso entendimento, as declarações contidas nos arts. 504 do mesmo Código, de que não fazem coisa julgada: a) os motivos (fundamentos) da sentença, mesmo que importantes para determinar o alcance da parte dispositiva; b) a verdade dos fatos, estabelecida como fulcro da sentença. Reside aí o motivo de havermos sustentado que, em princípio, passa em julgado unicamente o que fizer parte do dispositivo.

As razões, que até este ponto aduzimos, parecem ser bastantes para deixar clarificado que o *meritum causae* não corresponde às denominadas "questões de mérito", não podendo, em face disso, ser com estas confundido, sob pena de fazer surgir sérias dificuldades no campo da própria ação rescisória.

b) Em obra clássica, Chiovenda escreveu que a sentença de mérito "é o provimento do juiz acolhendo ou rejeitando a demanda do autor destinada a obter a declaração da existência de uma vontade de lei que lhe garanta um bem, ou da inexistência de uma vontade legal que o garanta ao réu"(*op. cit.*, p. 134)

O notável jurista italiano parece, pois, apropriar-se da demanda para construir o seu conceito de mérito, nada obstante procure separar o mérito em si das questões que a ele digam respeito, como se deduz de sua afirmativa de que "as questões sobre as condições da ação dizem-se questões de mérito (*merita causae*)"(*ibidem*)

Luigi Montesano também compartilha o entendimento de que só podem ser consideradas de mérito as sentenças que acolhem ou rejeitam os pedidos formulados pelas partes (Questioni Preliminari e Sentenza Parziali di Merito. *Rivista di Diritto Processuale Civile*, p. 581, 1969)

O estatuto de processo civil brasileiro demonstra haver aderido a essa concepção ao declarar, no art. 487, I, que o processo se extingue, com julgamento do mérito, quando o juiz acolhe ou rejeita o pedido formulado na ação ou na reconvenção. O vocábulo *pedido*, utilizado na redação desse preceito legal, guarda íntima sinonímia com demanda, embora este termo não tenha entrado no gosto do legislador e da doutrina atual. É certo que o CPC alude à demanda em alguns momentos, fazendo-o, contudo, não no sentido tradicional que lhe atribuíram nossos escritores de tempos passados, que tomavam a palavra como significativa do ato pelo qual a sentença era pedida.

Na Itália, é larga a aplicação, pelo legislador, pela doutrina e pela jurisprudência, do vocábulo *domanda*, que no direito alemão se apresenta como *Klage*.

Antes de fornecermos um conceito pessoal de mérito, devemos verificar se a demanda seria, efetivamente, o *meritum causae*, como querem Chiovenda e Montesano.

Se tomarmos essa palavra em sua acepção genuína, ou seja, marcada pela pátina do tempo, haveremos de concluir que demanda não é mérito, isto porque, traduzindo a demanda o ato pelo qual o indivíduo impetra a prestação da tutela jurisdicional, ela consiste no "veículo da pretensão do demandante, que é uma sua aspiração a determinado bem ou a determinada situação jurídica que, sem o processo e sem a intercessão judicial, o sistema o impede de obter" (*op. cit.*, p. 195). Pertence a demanda, portanto, à classe dos atos caracteristicamente processuais, motivo por que não se pode ver nela o mérito da causa, pois este atine, em regra, ao direito material. A demanda nada mais é, assim, do que o instrumento das pretensões *in iudicio deducta* pelo autor.

Se considerássemos a demanda como pretensão, na tentativa de comprovar a sua suposta natureza de mérito, estaríamos a baralhar conceitos e a afastar-nos do próprio significado que o CPC sugere à palavra: causa, processo ("perder a demanda" = ficar vencido na causa; "custear a demanda" = arcar com as despesas do processo).

A poder dessas razões, ficamos com o ponto de vista de que a demanda não pode ser confundida com o mérito da causa, salvo se as palavras e os conceitos já não significarem o que a tradição consagrou.

Alguns autores, como Redenti e Fazzalari, na Itália, e Lente, na Alemanha, veem na relação jurídica substancial controvertida pelas partes o *meritum causae*. O mérito, desse modo, seria algo que se formaria fora do processo. Os que sustentam esse parecer, contudo, embaraçam-se diante da necessidade de explicar o fato de, sendo a relação jurídica substancial o mérito, mas cabendo ao processo averiguar a existência dessa relação, concluir-se que ela não existe; nessa hipótese, teríamos, então, um processo sem objeto?

Por outro lado, afirmar que o mérito reside na relação material controvertida equivale a ignorar a ausência, em inúmeras situações, de controvérsia a respeito dessa relação; logo, aqui inexistiria mérito? Essa observação é necessária para demonstrar que a opinião dos mencionados juristas se manifesta incapaz de justificar a presença de mérito nas sentenças proferidas à revelia do réu, onde a falta de resposta, por parte deste, faz com que se tornem incontroversos os fatos narrados na petição inicial.

Para Betti, a relação jurídica litigiosa, que interessa ao processo, é aquela que repousa na afirmação do direito subjetivo feita pelo autor. Argumenta esse jurista com o fato de que a mecânica do processo civil, com vistas ao desempenho da função que lhe é reservada, impõe à parte que ingressa em juízo o encargo e o risco de formular a razão que pretende fazer prevalecer, arrematando que "em outros termos, o autor não pode limitar-se a narrar os fatos da causa sem expressar valorações relevantes, provocando apenas a valoração do juiz e esperando que este veja e diga o que é que lhe corresponde segundo o direito. Ele, autor, deve afirmar o que é que lhe corresponde. Ele deve, em outras palavras, afirmar o que (segundo a sua valoração unilateral) a vontade da lei exige no caso concreto (*quid ius*). Desde quando se define a função do processo civil, precisa ficar bem claro no espírito que a atuação da lei no processo se opera com relação a um interesse concreto que se pretende seja protegido: pretender é afirmar. O processo cognitivo, em especial, exige que o autor afirme existente e com um determinado conteúdo ou então afirme inexistente (quando demanda a declaração negativa) uma certa relação ou estado jurídico (relação ou estado litigioso), extraindo daí a posição de preeminência jurídica, ou de liberdade de vínculos, pretendida em relação ao adversário"(Ragione e Azione. *Rivista di Diritto Processuale Civile*, p. 205, 1932).

c) Encontra-se aureolada de certo prestígio a corrente doutrinal que aponta a lide como objeto do processo. Liebman pode ser indicado como um dos mais expressivos representantes dessa opinião.

Sabendo-se, entretanto, que a realidade prática demonstra a existência de casos em que não há lide, ou seja, não há resistência à pretensão, mas ocorre um pronunciamento jurisdicional a respeito do mérito, ficam também os integrantes do referido segmento doutrinário a dever-nos uma explicação satisfatória diante desse fato. A revelia, *v. g.*, se caracteriza, precisamente, pela ausência de resposta do réu (CPC, art. 344), vale dizer, pela falta de resistência deste às pretensões deduzidas em juízo pelo autor. Sendo assim, a prevalecer o ponto de vista dos juristas que indicam a lide como o objeto do processo, e sabendo-se que o vocábulo lide, segundo o pensamento carneluttiano, significa uma pretensão resistida, haveríamos de concluir que nos casos de revelia teríamos um processo sem objeto — o que seria, no mínimo, desarrazoado. À mesma inferência seríamos empurrados sempre que o réu reconhecesse a "procedência" do pedido (CPC, art. 487, III, "a"), pois ele não teria, aqui, excepcionado, contestado ou reconvindo, mas, ao contrário, admitido que a parte contrária possuía o direito invocado.

Em ambas as situações, como é óbvio, o processo teria um objeto, consubstanciado na *res in iudicio deducta*, assim como teria havido um julgamento do mérito. O digesto de processo civil brasileiro arrola, aliás, o reconhecimento da "procedência" do pedido como uma das causas de extinção do processo mediante exame do mérito.

Conforme acentua Cândido Dinamarco, "como preceito sociológico, a lide presta-se com muita utilidade para justificar didaticamente a necessidade do processo e do exercício da jurisdição, quando se trata de matéria disponível (especialmente, direito das obrigações), sendo possível a satisfação da pretensão pela pessoa a quem dirigida e, portanto, sendo relevante a sua resistência. Fora disso, o conceito se mostra inadequado e, mesmo com as adaptações que vão sendo tentadas, não serve para figurar assim no centro da ciência do processo" (*op. cit.*, p. 201/202).

Em que pese ao empenho afanoso da doutrina, no que concerne a isolar, dentre os elementos fornecidos pela ciência do processo, aquele que refletisse, com precisão, o mérito da causa, a verdade é que muito se escreveu, muito se respigou, muito se errou e bem pouco se acertou.

Não há negar que se procedeu a um considerável avanço, na mesma área, ao deixar-se de considerar as questões, a lide e a demanda como objeto do processo; até que se apresente ao mundo, porém, como obra acabada, um elemento que, submetido ao rigor da investigação científica e ao espírito crítico da doutrina, possa ser aceito por todos como o verdadeiro objeto do processo, muito ainda se terá que seguir avante.

Pelo que nos cabe opinar, pensamos que o reconhecimento da pretensão posta em juízo como o mérito da causa representa, senão o ideal há tanto tempo perseguido, ao menos um importante passo nessa direção. Uma vez mais, colocamo-nos ao lado de Cândido Dinamarco quando pondera que se tal consiste na afirmação ou no pedido, ou se a causa de pedir deve ser também considerada para esse fim, "tais dúvidas constituem um desafio, a ser ainda convenientemente enfrentado em nossa doutrina" (*op. cit.*, p. 219).

Conquanto tenhamos muito viva, em nossa mente, a advertência que vem das fontes romanas, de que *omnia definitio in iure civile periculosa est*, atrevemo-nos a esboçar, a seguir, um conceito de mérito. Ei-lo, em termos lacônicos: é a pretensão de direito material posta em juízo, ou seja, a relação de direito substancial submetida à cognição jurisdicional.

Evitamos falar em relação (jurídica) controvertida, para não incorrermos no mesmo equívoco de alguns autores, que não se deram conta de que, em determinados casos, embora inexista controvérsia acerca do direito alegado, haverá mérito e, em consequência, um pronunciamento judicial sobre este, como se dá na revelia. A oportunidade nos sugere afirmar a possibilidade de haver mérito sem lide, entendida esta, sempre, como a pretensão resistida, segundo Carnelutti.

A referência feita à relação jurídica substancial (ou material), como elemento integrante do conceito de mérito, não deve ser interpretada como nossa insciência acerca da moderna doutrina processual, que considera a ação um direito subjetivo público, cujo exercício independe da existência de um direito material, que ela, acaso, vise a proteger. Sabemos que a ação traduz um direito processual abstrato, haja vista a ação declaratória negativa, que se destina à obtenção de um provimento jurisdicional que diga da inexistência de relação jurídica material entre as partes. Ao aludirmos, no conceito, à presença dessa relação, nada mais fizemos do que pôr à frente a preocupação de ter os olhos voltados para aquilo que ordinariamente acontece no plano da realidade prática. De qualquer modo, não opomos nenhuma dúvida quanto à possibilidade de o direito de ação ser regularmente exercitado, ainda que o autor não possua o direito material alegado, ou que o seu pedido se resuma a conseguir uma declaração de inexistência de relação jurídica material com o réu.

1.1. Mérito e relação de emprego

Tem sido mais frequente do que se possa imaginar o pronunciamento jurisdicional declarar o autor carecedor da ação sempre que não ficar comprovada a existência dos pressupostos constitutivos da pretendida relação de emprego. A carência da ação decorreria da suposta ilegitimidade passiva do réu.

Não tergiversamos em apontar nisso um dos mais entranhados e manifestos deslizes técnicos em que vem incorrendo a magistratura de nosso país. Ora, se o autor prestou efetivamente serviços (se o fez em caráter autônomo ou de maneira subordinada é algo que só se pode responder após a instrução processual) ao réu, é elementar, é de evidência ofuscante que somente este, e mais ninguém, estará legalmente legitimado a responder à pretensão manifestada pelo autor e a ela resistir, se for o caso. A afirmação, posta nas decisões judiciais que estamos a criticar, de que o réu é parte ilegítima, traz, implícita, a de que outra pessoa é que estaria legitimada a integrar o polo passivo da relação processual. É lógico que se o autor ajuizar a ação diante de pessoa diversa daquela para a qual tenha realmente prestado serviços, haverá carência da ação, em virtude da ilegitimidade do réu; se, todavia, a pretensão do autor for dirigida à pessoa que se beneficiou da sua atividade física ou intelectual, ou seja, que se valeu dos seus serviços, fica fora de qualquer dúvida a exclusiva legitimidade desta, para responder à ação. É o que a doutrina tem denominado, com muita propriedade, de "pertinência subjetiva da ação".

O erro em que tem laborado a jurisprudência da "carência da ação", em tema de relação de emprego, parece derivar de uma injustificável falta de percepção científica a respeito do que se deva entender como mérito da causa. Realmente, para saber-se, nos casos concretos, se houve (ou ainda há) um vínculo de emprego entre as partes, torna-se indispensável proceder-se à instrução processual, mediante a juntada de documentos, o interrogatório dos litigantes, a inquirição de testemunhas e mais. Quando o órgão jurisdicional, convencendo-se da inexistência dos elementos configuradores desse vínculo, declara o autor carecente da ação, por suposta ilegitimidade do réu, está, em rigor, a confundir gravemente o mérito (vínculo de emprego) com uma das condições da ação (legitimidade passiva *ad causam*). Ora, ainda que vínculo jurídico material dessa natureza inexista entre os litigantes, é de palmar ilação que o réu terá sido parte legítima para figurar na relação processual, na medida em que, como dissemos, somente ele poderia responder às pretensões manifestadas pelo autor, em decorrência da "correspondência subjetiva" dos elementos da lide, que deriva, por sua vez, da relação factual havida entre ambos.

A maior demonstração de que determinados juízes ainda não conseguiram separar o mérito das condições da ação não está somente no fato, já mencionado, de reputarem o autor carecente da ação toda vez que se convencem da ausência de relação de emprego entre as partes, mas também quando, nos tribunais, dão provimento ao recurso do autor para, declarando a existência do pretendido vínculo de emprego, determinar que o juízo de primeiro grau "julgue o mérito", como entender de direito. *Data venia*, o assunto pertinente à relação de emprego não só é de mérito, como é o que poderíamos denominar de mérito essencial, porquanto a apreciação dos demais pedidos formulados pelo autor (aviso prévio, férias, gratificações natalinas, horas extras etc.) pressupõem, necessariamente, o reconhecimento da presença da relação de emprego. Ausente esta, aqueles não podem ser apreciados.

Para que as coisas sejam colocadas nos devidos lugares, do ponto de vista científico, devemos dizer que se o órgão jurisdicional ficar convencido da inexistência da relação de emprego não deverá considerar o autor carecente da ação (por presuntiva ilegitimidade do réu) e, sim, rejeitar os pedidos por ele formulados na inicial. Sendo a relação de emprego tema, essencialmente, de mérito, aplica-se à espécie a regra inscrita no art. 490, *caput*, do CPC. Convençam-se todos, pois, que esse tipo de relação não é algo que diga respeito às condições da ação, senão que a própria *res in iudicio deducta*, ou seja, o próprio direito material que se colima ver reconhecido pelo provimento da jurisdição.

Não menos grave será, no caso, julgar-se "improcedente" a ação, porquanto, com isso, estar-se-á também misturando coisas distintas, quais sejam, mérito e ação. Com efeito, se o juízo diz que a ação é "improcedente", como pôde, então, pronunciar-se acerca da relação de emprego que, como afirmamos, é matéria de mérito, ainda quando não seja reconhecida a sua existência? Ora, uma ação talvez só pudesse ser considerada "improcedente" quando faltasse qualquer das condições necessárias ao seu regular exercício. Dessa forma, se as partes eram legítimas, se o autor possuía interesse de agir e se o pedido por ele formulado não era juridicamente impossível de ser atendido, a ação, como direito subjetivo público de invocar a prestação da tutela jurisdicional do Estado, foi exercida com absoluta regularidade, ainda que o direito material que, por meio dela, se procurava ver declarado, não tenha sido reconhecido.

Como estamos a discorrer sobre relação de emprego e suas implicações na resposta jurisdicional às pretensões deduzidas pelo autor, convém ocuparmo-nos, ainda que por breves momentos, com um outro erro contra a técnica, que vem sendo cometido por certo setor da doutrina, ao interpretar o parágrafo único do art. 1.013, § 1.º, do CPC. Lembremos que essa norma legal está assim redigida: "Serão, porém, objeto de apreciação e julgamento pelo tribunal todas as *questões* suscitadas e discutidas no processo, ainda que não tenham sido solucionadas, desde que relativas ao capítulo impugnado" (destacamos).

Com base nessa dicção da lei, determinados autores têm entendido que o tribunal, ao dar provimento ao recurso do autor, para declarar existente a relação de emprego com o réu, não deve determinar o retorno dos autos ao juízo de primeiro grau (para apreciar os demais pedidos), mas, ato contínuo, passar, ele próprio, a examinar tais pedidos.

Venia concessa, há nisso uma interpretação distorcida do preceito legal, porquanto na terminologia técnica do processo os vocábulos questões e mérito não apresentam sinonímia entre si. As *questões* podem representar, quando muito, certos aspectos ligados ao mérito; nem por isso, contudo, representam o mérito em seu núcleo essencial.

Nas ações que tenham como objetivo um provimento jurisdicional declaratório da existência de relação de emprego entre os litigantes, o mérito se apresenta cindido em duas partes: a) a primeira, fundamental, que encerra o mencionado núcleo do mérito, dizendo respeito à existência ou à inexistência dessa relação jurídica material. A sentença, aqui, possui efeito declarativo; b) a segunda, decorrente da primeira, e daquela dependente ontologicamente, onde o autor formula pretensões, quase sempre, de conteúdo pecuniário. A sentença, neste caso, pode ter efeito constitutivo (reconhecimento de estabilidade no emprego, por exemplo) e condenatório (reconhecimento da obrigação de pagar quantia certa: salários, férias, gratificações natalinas etc.).

Duas conclusões imediatas extraem-se desse fato: a) sendo o conteúdo da primeira parte autônomo, com relação ao da segunda, é possível ao autor ingressar em juízo para postular, unicamente, um pronunciamento jurisdicional que declare (= reconheça) a existência de vínculo de emprego com o réu (CPC, art. 19, I), conquanto isso seja infrequente, na prática, levando-se em conta o espírito eminentemente pragmático, que preside a atitude do autor, ao invocar a prestação da tutela jurisdicional; b) sendo a segunda parte do mérito dependente da primeira, terá a sua apreciação prejudicada se for negada a existência da relação de emprego.

O fato de a segunda parte, aqui mencionada, somente poder ser objeto de apreciação se a relação de emprego, que dá conteúdo à primeira, for reconhecida, não faz, como parecem imaginar alguns pensadores desatentos, com que os pedidos, dela constantes, se reduzam a simples questões, de tal maneira que possam ser examinados pelo tribunal, sem que o juízo de primeiro grau o tenha feito, numa injustificável supressão de grau jurisdicional.

Nem mesmo os princípios da simplicidade, da celeridade e da concentração, com o sentido retórico de que hoje se revestem, poderiam ser convocados para legitimar semelhante agressão às regras do bom senso e aos cânones processuais consagrados. Se o tribunal, provendo ao recurso do autor, para dizer da existência do vínculo de emprego, e, em seguida, condenar o réu ao pagamento de salários, férias, horas extras, adicional noturno etc., estará, não apenas usurpando a competência do juízo de primeiro grau, como praticamente impedindo que o réu possa recorrer do acórdão, pois, nos termos da Súmula n. 126 do TST, o recurso de revista não pode ser utilizado para revoltear matéria de fatos e de provas. Teríamos, assim, por obra de uma corrente doutrinária estrábica, a instituição arbitrária, em muitos casos, do "julgamento único", em que somente o tribunal se pronunciaria sobre o que chamamos de segunda parte do mérito, ou mérito secundário, nas ações de relação de emprego.

Como poderemos vir a ser interpelados com o objetivo de sermos levados a indicar um exemplo em que, no processo do trabalho, haveria correta aplicação do § 1.º, do art. 1.013, do CPC, antecipemo-nos à cobrança. Valhamo-nos, para isso, da própria ação tendente à obtenção de um decreto jurisdicional declaratório da existência de relação de emprego. Digamos que o autor haja alegado, na inicial, que prestou serviços de natureza subordinada ao réu, durante determinado período de tempo, tendo este contestado não apenas a subordinação jurídica afirmada, como o próprio tempo durante o qual teria ocorrido a prestação de serviços. O juízo de primeiro grau, todavia, não reconhece a existência da pretendida relação de emprego, levando o autor a recorrer da sentença. O tribunal, dando provimento ao recurso, poderia, em seguida, fixar o período de vigência do contrato de trabalho, pois essa é uma questão (= aspecto do mérito) que foi suscitada e discutida nos autos.

Um outro exemplo: a sentença rejeita o pedido de horas extras, fazendo com que, dela, recorra o autor. Provendo o recurso, o tribunal poderá determinar, no passo seguinte, que sejam desconsideradas, para efeito de cálculo dessas horas, as faltas injustificadas ao serviço, que haviam sido alegadas pelo réu. Tais faltas, no caso, têm o caráter de questão, vez que representam, como dissemos, um aspecto do mérito, um elemento que com ele se enastra.

Podemos, a propósito, enunciar a seguinte regra, a respeito do que se deva entender como *questões*, com vistas à incidência do parágrafo único do § 1.º, do art. 1.013, do CPC: são aqueles fatos que, embora tenham íntima ligação com o mérito, sejam um seu aspecto, enfim, não podem ser objeto de pretensão autônoma. Aplicando-se essa regra aos exemplos mencionados, veremos que o período de vigência do contrato e as faltas injustificadas ao serviço não poderiam ser objeto de demanda autônoma, porquanto, nas situações narradas, nada mais representam, como pensamos haver demonstrado, do que um aspecto, uma faceta controversa do mérito da causa.

1.2. Extinção do processo

No art. 487, o estatuto processual civil arrola os casos em que haverá extinção do processo mediante resolução do mérito. Examinemo-los. Ei-lo:

Art. 487. Haverá resolução de mérito quando o juiz:

I — acolher ou rejeitar o pedido formulado na ação ou na reconvenção;

II — decidir, de ofício ou a requerimento, sobre a ocorrência de decadência ou prescrição;

III — homologar:

a) o reconhecimento da procedência do pedido formulado na ação ou na reconvenção;

b) a transação;

c) a renúncia à pretensão formulada na ação ou na reconvenção.

Parágrafo único. Ressalvada a hipótese do § 1.º do art. 332, a prescrição e a decadência não serão reconhecidas sem que antes seja dada às partes oportunidade de manifestar-se.

Por uma regra de ordem prática, comentaremos, individualmente, o *caput*, os incisos e o parágrafo único dessa norma legal.

Caput. O assunto era objeto do art. 269 do CPC revogado.

A norma aponta os casos em que a sentença resolverá o mérito da causa. Ao contrário do que se passa quando a sentença não examina o mérito (CPC, art. 485), a proferida com base no art. 487 impede que o autor ingresse, novamente, com a ação. O que lhe cabe é recorrer da sentença, ou tentar desfazer a coisa julgada material mediante o uso da ação rescisória (CPC, art. 996).

Inciso I. Ao examinar o mérito da causa, o juiz poderá *acolher* ou *rejeitar*, no todo ou em parte, os pedidos formulados na ação ou na reconvenção. Evite-se, pois, o uso de expressões como "julgar *procedente* a ação ou a reconvenção", "julgar *procedente* o pedido", por serem produto de imprecisões técnico-científicas. Os pedidos, como está na lei, são acolhidos ou rejeitados (art. 490).

O verbo *proceder* significa *vir de algum lugar*. Os pedidos *vêm* da inicial da ação ou da reconvenção logo, são *procedentes* — embora possam ser *rejeitados*, sem que haja qualquer contradição em nossa assertiva.

Inciso II. A norma está a demonstrar que o juiz pode conhecer, por sua iniciativa ou a requerimento do interessado, da decadência e da prescrição. No processo do trabalho, nunca houve controvérsia quanto à possibilidade de o juiz pronunciar-se *ex officio* a respeito da decadência; lavrou-se a dissenção, porém, a partir do momento em que se alterou a redação do art. 219, § 5º, do CPC de 1973, para permitir ao juiz conhecer, de ofício, da prescrição e decretá-la de imediato, se não se tratasse de direito patrimonial. Por certo, voltará a reacender-se a cinca com a redação dada ao inciso II do art. 487, do CPC atual. Se, no processo do trabalho, o juiz pode pronunciar, *ex officio*, a prescrição *intercorrente* (CLT, art. 11-A, § 2.º), não há razão jurídica para impedi-lo de declarar, também por sua iniciativa, a prescrição verificada no processo de conhecimento.

A doutrina ainda não conseguiu estabelecer, de maneira satisfatória e definitiva, uma separação nítida entre os fenômenos da decadência e da prescrição. A síntese a que se chegou, consubstanciada na regra de que a prescrição atinge a ação, extinguindo-a, e a decadência, o direito, fulminando-o, embora venha sendo utilizada como diretriz para solucionar os casos concretos, está longe de representar um método verdadeiramente científico e definitivo de delimitação das duas espécies.

O que podemos acrescentar, como contributo a essa tarefa de separação, é que: a) o curso da prescrição pode ser interrompido ou suspenso (CC, arts. 202 a 204); o da decadência, não; b) a prescrição alcança direitos patrimoniais e inalienáveis, o que não ocorre com a decadência; c) a prescrição flui contra pessoas certas e determinadas; a decadência corre contra todas; d) a prescrição não pode ser objeto de renúncia senão depois de consumada; o prazo decadencial pode ser reduzido, ou não, antes do seu esgotamento, conforme seja a hipótese, inexistindo possibilidade de renúncia após a sua exaustão; e) a prescrição decorre de lei; a decadência pode originar-se de uma ordem judicial ou de ato jurídico; f) a prescrição deve ser alegada como matéria de defesa; a decadência pode dar lugar à ação; g) na prescrição há um único sujeito de direito; na decadência há dois: um, que é titular de direito permanente, e, outro, que o é de um direito efêmero.

Repitamos: o critério consagrado para estabelecer, sob o ângulo pragmático, um divisor de águas entre a prescrição extintiva e a decadência é o que liga aquela ao direito de ação, e, esta, ao direito material, embora, como alertamos, esse critério não seja satisfatório para explicar, de maneira científica, a natureza íntima de uma e de outra.

Colocando de lado essas dificuldades doutrinais, resta, no plano normativo, a certeza de que a pronúncia jurisdicional de prescrição liberatória ou de decadência implica a extinção do processo com resolução do mérito. Essas matérias, a propósito, costumam ser alegadas, na contestação, sob o título de *prejudiciais de mérito*.

A decadência e a prescrição não foram inseridas no rol do art. 337 do CPC em virtude de não constituírem, tecnicamente, *preliminar*. Por outro lado, também não se traduzem no mérito da causa, por não serem expressão do direito postulado em juízo. Por esse motivo, a decadência e a prescrição costumam ser alegadas na contestação sob o título de *prejudiciais do mérito*. Note-se: conquanto uma e outra, conforme dissemos, não constituam o mérito da causa, a *res in iudicio deducta*, o legislador, por uma regra de ordem prática, as inseriu no elenco das causas determinantes da extinção do processo mediante exame do mérito (CPC, art. 487, II). Aludimos a uma regra de ordem prática porque a distinção básica que há entre os arts. 485 e 487 do CPC é que, no primeiro, como se dá a extinção do processo sem resolução do mérito (embora nem sempre haja a extinção do processo), o autor pode exercer, novamente, a ação (art. 486), ao passo que no segundo esse exercício é vedado.

Inciso III. O processo será extinto com resolução do mérito quando a sentença for homologatória dos atos mencionados nas alíneas "a", "b" e "c".

Alínea "a". *Reconhecimento da procedência do pedido*. Mal acabamos de criticar as expressões "julgar *procedente* a ação ou a reconvenção", "julgar *procedente* o pedido" e já nos vemos diante de outra: "reconhecimento da *procedência* do pedido". O réu, em rigor, não reconhece a *procedência* do pedido, assim como o autor não reconhece a "procedência" da reconvenção, senão que reconhecem o *direito* alegado pelo adversário, com isso, se submetem às pretensões deduzidas com espeque nesse direito. O reconhecimento do direito afirmado pelo autor ou pelo reconvinte, para além de constituir causa de extinção do processo com resolução do mérito, traduz renúncia do que se poderia denominar de *direito à resistência.*

Reconhecimento e confissão, porém, não são a mesma coisa, embora apresentem alguns pontos de contato. Em Roma, conquanto não houvesse uma separação formal desses dois atos, pois só se cuidava da confissão, esta produzia efeitos distintos, conforme fosse realizada na presença do pretor (*in iure*) ou do árbitro (*in iudicio*). No primeiro caso, a confissão dizia respeito à pretensão, ou seja, ao pedido formulado pela parte contrária; no segundo, ligava-se aos fatos alegados pelo adversário.

O ponto de contato, a que nos referimos há pouco, entre o reconhecimento e a confissão, está em que, tanto lá como aqui, existe, por parte de um dos litigantes, a admissão de um fato como verdadeiro, contrário aos seus interesses manifestados na causa. Distinguem-se ambas, entre si, todavia, pelas seguintes particularidades: a) o reconhecimento concerne à pretensão, correspondendo, assim, neste aspecto, à confissão do Direito Romano, que era realizada perante o pretor (*in iure*); a confissão, por sua vez, tem como objeto os fatos; b) o reconhecimento, por si só, é causa de extinção do processo; além disso, se bem pensarmos, verificaremos que o processo, na espécie, se extingue não em decorrência de uma solução estatal da lide, mas do fato de o réu reconhecer que o autor possui razão jurídica, ou de o autor reconhecer que o reconvinte detém essa razão, no que respeita às pretensões formuladas em juízo. Sob esse ângulo, podemos asseverar que a sentença possui, aí, um caráter fortemente homologatório; a confissão, ao contrário, não é, em si, causa de extinção do processo, senão que uma forma de tornar os fatos incontroversos e, em decorrência disso, dispensar a produção de provas que, em outras circunstâncias, seriam necessárias. Demais, a confissão não significa, necessariamente, que a parte à qual ela beneficia possua razão jurídica, vale dizer, venha a ser vencedora na causa, pois a presunção de veracidade dos fatos, que decorre dessa *confessio*, é meramente relativa, podendo, em função disso, esboroar-se diante de outras provas, como a documental. De resto, tanto o reconhecimento da "procedência" do pedido quanto a confissão somente serão eficazes quando recaírem em direito disponível, assim conceituado aquele que possa ser objeto de transação.

Alínea "b". *Transação*. A conciliação figura como o escopo fundamental da Justiça do Trabalho (CLT, art. 764, *caput*), motivo pelo qual os juízes do trabalho devem empenhar-se em obtê-la (*ibidem*, § 1º). A propósito, os órgãos jurisdicionais trabalhistas, em princípio, são conciliadores; somente se tornam contenciosos se não houver conciliação (*ibidem*, § 2º)

Vista sob uma óptica pragmática, a conciliação de que fala a CLT é sinônimo de transação, entendida esta como um meio de solução consensual, negociada, do conflito de interesses, mediante concessões recíprocas das partes. Dispõe o art. 840 do Código Civil ser "lícito aos interessados prevenirem ou terminarem o litígio mediante concessões mútuas".

Ainda que o art. 515, II, CPC atual não haja repetido a regra inscrita no art. 475-N, III, do CPC revogado (que enumerava os títulos executivos judiciais), devemos observar que a transação constitui modalidade de solução não jurisdicional da lide, permitindo, por isso, que as partes incluam como objeto desse negócio jurídico bilateral direitos ou pretensões não manifestados na causa, ou seja, redimensionam os limites objetivos da lide.

Essa manifestação volitiva das partes envolvidas no conflito de interesses pode, portanto, implicar um redimensionamento dos limites objetivos da lide, sem que isso acarrete transgressão da norma inscrita no art. 492 do CPC. A precitada norma somente se aplica à solução j*urisdicional* do conflito, que é impositiva, e se opera por meio da sentença.

A sentença homologatória nada pode retirar da transação ou nela incluir, conquanto, em determinadas situações, o juiz possa, até mesmo recusar-se a lançá-la, como quando convencer-se de que é produto de conluio das partes com o objetivo de praticar ato simulado ou de conseguir fim proibido por lei (CPC, art. 142).

A sentença homologatória da transação, na verdade, só se justifica, sob o aspecto prático, pela necessidade de atribuir-se ao credor um título executivo judicial (CPC, art. 515, II); sem essa sentença, o credor teria dificuldade em promover a execução na hipótese de inadimplemento do devedor.

Nada obstante as críticas que se vêm dirigindo à transação e ao empenho dos juízes do trabalho em consegui-la, não se pode negar que ela, no geral, atende aos interesses dos litigantes, pois não podemos nos esquecer de que se trata de uma solução negociada do conflito, numa espécie de "equivalente jurisdicional", como talvez diria Carnelutti. É evidente que se considerarmos o fato de que o trabalhador, muitas vezes, transaciona para evitar o mal maior, representado pela tardança na solução jurisdicional do conflito, seremos levados a concluir que a transação, nesse quadro dramático, parece estar mais a serviço do empregador, porquanto o trabalhador prefere receber menos, mas já, a receber mais, embora tardiamente, ou nem sequer receber. Seja como for, o certo é que se a transação pode ser, em determinadas situações, prejudicial ao trabalhador, sabendo-se que quem tem fome não possui liberdade para negociar, pior seria sem ela, pois os longos prazos que hoje se verificam na solução das demandas conspiram rudemente — infâmia que o Estado inflige aos miseráveis — contra as necessidades financeiras dos trabalhadores de nosso País. Nesse concerto, a transação abrevia o litígio, dando-lhe fim mediante resolução do mérito, e liberta o trabalhador da angústia de aguardar que a jurisdição se pronuncie sobre o que pleiteou na inicial.

Alínea "c". *Renúncia à ação formulada na ação ou na reconvenção.*

A renúncia, de que se ocupa esse dispositivo legal, em nada tem a ver com a desistência da ação, de que fala o art. 485, VIII, do CPC.

Enquanto a desistência respeita apenas à ação, provocando, em virtude disso, a extinção do processo sem resolução do mérito, ou seja, do conteúdo material da demanda, a renúncia toca à própria *res in iudicio deducta,* vale dizer, ao direito material que a ação ou a reconvenção se destinava a fazer valer. Em termos práticos, a distinção fundamental entre elas reside no fato de a desistência não impedir que o autor intente, novamente, a ação (CPC, art. 486), ao passo que a renúncia inibe o ajuizamento de ação que tenha como objeto o mesmo pedido da anterior, sobre cujo direito incidiu a renúncia.

Por isso, tolera-se, no processo do trabalho, a desistência da ação, e repudia-se a renúncia ao direito material. A irrenunciabilidade dos direitos materiais, nunca é inútil lembrar, representa a viga mestra de todo o sistema legal de proteção do patrimônio jurídico do trabalhador — sistema que chega, em nome de seus fins, a subtrair a eficácia da própria manifestação volitiva deste, como ocorre no caso do art. 468 da CLT, por força do qual se inquina de nula qualquer alteração de cláusula contratual que provoque, direta ou indiretamente, prejuízos ao trabalhador, ainda que ele haja concordado com a alteração. Como adverte Lacordaire: "entre o forte e o fraco, entre o rico e o pobre, é a liberdade que escraviza, é a lei que liberta". Essa máxima do ilustre pensador religioso francês haveria, por certo, de merecer duras críticas se tivesse sido formulada com vistas às relações políticas entre os homens e as instituições, em que a supressão da liberdade individual só conviria aos regimes de vocação ditatorial; aplicada, entretanto, às relações entre trabalhadores e empregadores, ela revela a sua extrema sensibilidade diante de uma realidade que não pode ser desconsiderada pelo legislador. Nem pela doutrina ou pela jurisprudência, se tiverem algum apreço pelo valor *justiça.*

Parágrafo único. O CPC atual inovou ao estabelecer que o juiz, antes de decretar (entenda-se: proferir a sentença) a prescrição extintiva e a decadência deverá conceder oportunidade para que as partes se manifestem sobre o assunto. A fixação desse prazo ficará a critério do juiz, seja quanto à duração, seja quanto a ser comum ou sucessivo. A falta de concessão da oportunidade a que se refere a norma legal em exame poderá gerar a nulidade da sentença.

A inovação do CPC, neste particular, é elogiável, pois, ouvindo as partes, o juiz poderá convencer-se de que a prescrição ou a decadência estão, verdadeiramente, configuradas, e, em razão disso, sentir-se-á mais seguro para dar fim ao processo; ou, ao contrário, poderá convencer-se de que nenhuma nem outra ocorrem, e, por esse motivo, deixará de extinguir o processo.

Trata-se de um contraditório breve.

Configurada a decadência ou a prescrição, o juiz poderá rejeitar, liminarmente, o pedido por elas atingido (CPC, art. 355, I).

2. Sentença terminativa

Quando alguém invoca a prestação da tutela jurisdicional do Estado, pretende que haja um pronunciamento a respeito dos pedidos formulados na petição inicial, que constituem o mérito da causa, a razão de ser da demanda, e são de natureza material. Considerado o fato sob esse aspecto, podemos dizer que a sentença de mérito é a única que deveria receber a denominação de sentença, pois ela corresponde à resposta jurisdicional às pretensões deduzidas pelo autor.

O digesto de processo civil de 1973, de nosso país, todavia, tinha como sentença toda dicção jurisdicional dotada de eficácia para dar fim ao processo, com ou sem exame do mérito (CPC, art. 162, § 1.º, em sua redação primitiva). Todavia, o antigo conceito, inscrito no mesmo artigo, como tantas vezes assinalamos ao longo das páginas anteriores, foi incorporado ao processo do trabalho, por força da praxe, de tal arte que aqui a sentença continua a ser o ato pelo qual o juiz põe fim ao processo de conhecimento – com ou sem julgamento do mérito – ou de execução ou aos embargos do devedor.

Isso, porém, não torna desvaliosas as considerações que expendemos no início do Capítulo, no sentido de que o objetivo que leva o indivíduo a ingressar em juízo (falamos do juízo civil e do trabalhista e, especialmente, deste) radica na obtenção de um provimento que reconheça (ou não) a existência do direito material alegado, levando em conta o fato de o Estado moderno haver anatematizado a prática da autotutela de direitos ("justiça pelas próprias mãos"), muito em voga em outros tempos.

Sendo assim, é razoável que o autor deseje ver composta a lide por um ato estatal (que substitua a sua atuação pessoal), a despeito, como vimos, de o ordenamento legal permitir, ou, melhor, estimular (CLT, art. 764) a solução negociada do conflito, mediante transação (acordo, conciliação), negócio jurídico bilateral, mediante o qual os litigantes renunciam a parcela de suas pretensões para chegarem a uma solução consensual do conflito de interesses em que se encontram envolvidos.

A partir da petição inicial, são deflagrados diversos atos, preordenados logicamente e em regra preclusivos, que se encaminham para o seu polo de atração magnética, a sentença de mérito. Esses atos, em seu conjunto, compõem o procedimento, que é a face visível do processo, as suas "vestes formais", como dizem alguns autores.

Muitas vezes, entretanto, surgem determinados acidentes de percurso, que impedem a desenvolução do procedimento rumo à sentença de fundo, fazendo com que o processo se finde prematuramente. À sentença, que assim o extingue, a doutrina de outrora chamava, com certa propriedade, de *terminativa* — terminologia com que o CPC de 1973 e o de 2015 não simpatizaram, mas que foi consagrada pelo processo do trabalho (CLT, art. 895, I e II).

Cremos não ser inadequado afirmar que o processo se extingue de modo anormal sempre que, por um motivo ou por outro, não se chega ao exame do mérito da causa.

Essa extinção anormal, mesmo assim, produz certos efeitos, embora de caráter endoprocessual, para os litigantes. Assim dizemos porque, decorrido o prazo para a interposição de recurso ordinário, forma-se uma preclusão, por força da qual não podem as partes voltar a discutir a demanda na mesma relação processual. A esse fenômeno, a doutrina tem denominado de "coisa julgada formal", em contraposição à material. A locução, todavia, contém um antagonismo nos próprios termos pelos quais é enunciada, pois, se o processo foi extinto *sem* resolução do mérito, não se pode dizer que houve coisa julgada — simplesmente porque a *res* não foi objeto de pronunciamento jurisdicional. Se julgamento aí houve não foi, com certeza, da *coisa*, entendida esta como a pretensão de direito material. O que está implícito na sentença "terminativa" é, na verdade, uma declaração de que, em decorrência de determinados obstáculos intransponíveis, a *res* não pôde ser *iudicata*, ou seja, de que a tutela jurisdicional do Estado, em sua mais pura expressão, foi frustrada por esses óbices.

É proveitoso observar que a extinção do processo sem pronunciamento sobre o mérito é algo que ocorre, na generalidade das situações, em prejuízo dos interesses do autor, porquanto a ele, mais do que ao réu, convinha o prosseguimento do processo, em direção à sentença de fundo. Já a extinção do processo com julgamento do mérito pode dar-se em benefício ou em desfavor de qualquer dos litigantes, tudo dependendo da formação do convencimento do juízo acerca dos fatos narrados e do direito disputado.

Analisada a sentença "terminativa" sob o ângulo óptico de sua natureza ou de seus efeitos, devemos dizer que ela é declaratória negativa, por afirmar a existência de empecilhos ao exame do mérito, à composição da lide; diz, por outras palavras, que a tutela jurisdicional não pôde ser prestada, em razão desses embaraços ou estorvos. Neste caso, não atua a regra estampada no art. 492 do CPC, que proíbe o juiz de proferir sentença de natureza diversa da pedida, uma vez que o fato de a sentença ser, efetivamente, de índole distinta da colimada pelo autor se deveu à circunstância de não poder haver chegado à investigação do *meritum cause*.

Outra diferença entre a sentença que examina o mérito e a que não o examina se localiza no momento em que uma e outra são proferidas. A primeira, no geral, é emitida após ter sido realizada a instrução do processo, aduzidas as razões finais e rejeitadas as propostas de conciliação, embora, em alguns casos, a lei permita o julgamento antecipado do mérito, quando: "I — não houver necessidade de produção de outras provas; II — o réu for revel, ocorrer o efeito previsto no art. 344 e não houver requerimento de prova, na forma do art. 349" (CPC, art. 355). A segunda, no entanto, é proferida, quase sempre, sem que a instrução oral do processo tenha sido realizada, a despeito de, em situações excepcionais, poder ser emitida após a instrução, como quando o juiz tomar conhecimento da falta de algum pressuposto legal indispensável para a constituição e o desenvolvimento regulares da relação jurídica processual (CPC, art. 485, IV) ou de alguma das condições da ação (*ibidem*, VI), pois, como se sabe, não há preclusão no que tange a essas matérias (*ibidem*, § 3.º).

Distinguem-se, ainda que palidamente, ambas as espécies de sentença quanto aos seus requisitos de validade formal. Conquanto o art. 489 do CPC afirme que a sentença deva conter: I — o relatório; II — a fundamentação; e III — o dispositivo, essas exigências dizem respeito, muito mais, às sentenças de mérito do que às "terminativas", pois a própria jurisprudência tem admitido que estas, *e. g.*, embora devam subordinar-se à regra que emana do art. 489 do CPC, possam ser expressas de maneira concisa. A concisão, no caso, pode abranger as três partes estruturais da sentença, inclusive a fundamentação. O que não se admite é sentença sem motivação, porquanto a exigência, quanto a isso, é de foro constitucional (CF, art. 93, IX).

Nem haveria razão para impor-se à sentença "terminativa" a regra do art. 489 do CPC, sabendo-se que esse tipo de pronunciamento jurisdicional não tem efeito extraprocessual, motivo por que não produz a coisa julgada material, fazendo gerar, apenas, uma preclusão, que impede as partes de voltarem a litigar *no mesmo processo* — salvo, é evidente, se a sentença extintiva tiver sido impugnada por meio de recurso, ao qual o tribunal deu provimento.

Em princípio, as sentenças que acarretem extinção do processo sem resolução do mérito não se sujeitam à via rescisória (CPC, art. 966, *caput*). Assim ressalvamos porque a realidade da vida forense tem demonstrado que, em situações específicas, torna-se absolutamente imprescindível admitir-se a rescisão dos pronunciamentos jurisdicionais que tenham posto fim ao processo, sem apreciação do mérito, sob pena de tolerar-se que certos direitos processuais das partes, lesados por ato do juiz, fiquem sem possibilidade de reparação, como quando a sentença declara uma das partes carecedora da ação, ou quando não se admite um recurso, com o fundamento de ser intempestivo, e se comprova que era tempestivo. Não é este, porém, o momento e o lugar para nos dedicarmos ao estudo dessa importante questão, que bordejamos apenas de passagem.

O CPC de 2015 deu um passo à frente, em termos legislativos, ao permitir a rescisão da decisão passada em julgado que, embora não haja resolvido o mérito, impeça: a) nova propositura da demanda; ou b) a admissibilidade do recurso correspondente (art. 966, § 2.º).

Estabelecia o art. 463 do CPC de 1973 que o juiz, ao publicar a sentença de mérito, cumpria e acabava a função jurisdicional, não mais podendo alterá-la, exceto em virtude de embargos de declaração ou para corrigir-lhe inexatidões materiais ou erros de cálculo. Apesar da referência feita à sentença de mérito, essa regra era também aplicável às sentenças "terminativas", queremos dizer, àquelas que punham fim ao processo sem julgamento do mérito da causa. Assim deve continuar sendo entendido, pois este tipo de sentença pode ser impugnado mediante recurso ordinário, segundo dispõe o art. 895, I e II, da CLT. Tolerar-se que as sentenças terminativas pudessem ser modificadas pelo juízo que as tivesse emitido seria não só fazer gerar uma certa insegurança para as partes, mas criar situações de embaraço, pois, consentido o pedido de "reconsideração" do que foi decidido e sendo mantida a sentença, duas situações seriam cogitáveis: a) autorizar-se o uso do recurso ordinário; b) não o autorizar. No primeiro caso, o "pedido de reconsideração" só teria feito retardar a interposição do recurso; no segundo, proibida a impugnação da sentença, ficaria a parte à mercê do juízo proferidor, sem possibilidade de ver o assunto submetido à apreciação do tribunal.

Posteriormente a essas nossas considerações, entra em vigor o CPC de 2015, cujo art. 331 declara: "Indeferida a petição inicial, o autor poderá apelar, facultado ao juiz, no prazo de 5 (cinco) dias, retratar-se". Não se retratando, determinará a citação do réu para responder ao recurso (*ibidem*, § 1.º). O art. 485, § 7.º, do mesmo Código, por sua vez, estabelece: "Interposta a apelação em qualquer dos casos de que tratam os incisos deste artigo, o juiz terá 5 (cinco) dias para retratar-se", ou seja, para revogar a sentença extintiva do processo sem exame do mérito.

2.1. Extinção do processo

Os casos de extinção do processo sem resolução do mérito se encontram enumerados no art. 485, do CPC. Passemos a examiná-los:

Art. 485. O juiz não resolverá o mérito quando:

I — indeferir a petição inicial;

II — o processo ficar parado durante mais de 1 (um) ano por negligência das partes;

III — por não promover os atos e as diligências que lhe incumbir, o autor abandonar a causa por mais de 30 (trinta) dias;

IV — verificar a ausência de pressupostos de constituição e de desenvolvimento válido e regular do processo;

V — reconhecer a existência de perempção, de litispendência ou de coisa julgada;

VI — verificar ausência de legitimidade ou de interesse processual;

VII — acolher a alegação de existência de convenção de arbitragem ou quando o juízo arbitral reconhecer sua competência;

VIII — homologar a desistência da ação;

IX — em caso de morte da parte, a ação for considerada intransmissível por disposição legal; e

X — nos demais casos prescritos neste Código.

§ 1º Nas hipóteses descritas nos incisos II e III, a parte será intimada pessoalmente para suprir a falta no prazo de 5 (cinco) dias.

§ 2º No caso do § 1º, quanto ao inciso II, as partes pagarão proporcionalmente as custas, e, quanto ao inciso III, o autor será condenado ao pagamento das despesas e dos honorários de advogado.

§ 3º O juiz conhecerá de ofício da matéria constante dos incisos IV, V, VI e IX, em qualquer tempo e grau de jurisdição, enquanto não ocorrer o trânsito em julgado.

§ 4º Oferecida a contestação, o autor não poderá, sem o consentimento do réu, desistir da ação.

§ 5º A desistência da ação pode ser apresentada até a sentença.

§ 6º Oferecida a contestação, a extinção do processo por abandono da causa pelo autor depende de requerimento do réu.

§ 7º Interposta a apelação em qualquer dos casos de que tratam os incisos deste artigo, o juiz terá 5 (cinco) dias para retratar-se.

Caput. A matéria era regida pelo art. 267 do CPC revogado. A precitada norma legal dispunha que o processo se extinguiria sem resolução do mérito nos casos mencionados nos incisos I a XI. O art. 485, do CPC atual, estabelece que "O juiz não resolverá o mérito quando: (...)". A redação da norma se justifica pelo fato de, no sistema do CPC, a sentença nem sempre implicar a extinção do processo.

Quando alguém invoca a prestação da tutela jurisdicional do Estado, pretende obter um pronunciamento a respeito dos pedidos formulados na inicial, que constituem o mérito da causa, a razão de ser da demanda, e que são, na maioria das vezes, de natureza material. Considerado o fato sob esse aspecto, podemos dizer que a sentença de mérito é a única que deveria receber a denominação de sentença, pois ela corresponde à resposta jurisdicional às pretensões deduzidas pelo autor.

Isso, porém, não torna desvaliosas as considerações que expendemos no início, de que o objetivo que leva o indivíduo a ingressar em juízo (falamos do juízo civil e do trabalhista e, especialmente, deste) radica na obtenção de um provimento que reconheça a existência do direito material alegado, levando em conta o fato de o Estado moderno haver anatematizado a prática da autotutela de direitos ("justiça pelas próprias mãos"), muito em voga em tempos remotos.

Sendo assim, é razoável que o autor deseje ver composta a lide por um ato estatal (que substitua a sua atuação pessoal), a despeito de o ordenamento legal permitir a solução negociada do conflito, mediante transação ou outro meio de autocomposição. A partir da petição inicial, são deflagrados diversos atos, preordenados logicamente e em regra preclusivos, que se encaminham para o seu polo de atração magnética, a sentença de mérito. Esses atos, em seu conjunto, compõem o procedimento, que é a face visível do processo, as suas "vestes formais" como dizem alguns autores.

Muitas vezes, entretanto, surgem determinados acidentes de percurso, que impedem a desenvolução do procedimento rumo à sentença de fundo, fazendo com que o processo se finde prematuramente. À sentença, que assim o extingue, a doutrina de outrora chamava, com certa propriedade, de *terminativa* — terminologia com que o atual CPC parece não haver simpatizado, e que é encontrada na CLT (art. 895, I e II).

Cremos não ser inadequado afirmar que o processo se extingue de modo *anormal* sempre que, por um motivo ou por outro, não se chega ao exame do mérito da causa.

Essa extinção anormal, mesmo assim, produz certos efeitos, embora de caráter endoprocessual, para os litigantes. Assim dizemos porque, decorrido o prazo para a interposição de recurso ordinário, forma-se uma preclusão, por força da qual não podem as partes voltar a discutir a demanda na mesma relação processual. A esse fenômeno, a doutrina tem denominado de "coisa julgada formal", em contraposição à material. A locução, todavia, contém um antagonismo nos próprios termos pelos quais é enunciada, pois, se o processo foi extinto sem exame do mérito, não se pode dizer que houve *coisa julgada* — simplesmente porque a *res* não foi objeto de pronunciamento jurisdicional. Se julgamento aí houve não foi, com certeza, da *coisa*, entendida esta como a pretensão de direito material. O que está implícito na sentença "terminativa" é, na verdade, uma declaração de que, em decorrência de determinados obstáculos intransponíveis, a *res* não pôde ser *iudicata*, ou seja, de que a tutela jurisdicional do Estado, em sua mais pura expressão, foi frustrada por esses óbices.

É proveitoso observar que a extinção do processo sem pronunciamento sobre o mérito é algo que ocorre, na generalidade das situações, em prejuízo dos interesses do autor, porquanto a ele, mais do que ao réu, convinha o prosseguimento do processo, em direção à sentença de fundo. Já a extinção do processo com resolução do mérito pode dar-se em benefício ou em desfavor de qualquer dos litigantes, tudo dependendo da formação do convencimento do juízo acerca dos fatos narrados, da prova produzida e do direito disputado.

Analisada a sentença "terminativa" sob o aspecto óptico de sua natureza ou de seus efeitos, devemos dizer que ela é declaratória negativa, por afirmar a existência de empecilhos ao exame do mérito, à composição da lide; diz, por outras palavras, que a tutela jurisdicional não pôde ser prestada em razão desses embaraços ou estorvos. Nesse caso, não atua a regra estampada no art. 492 do CPC, que proíbe o juiz de proferir sentença de natureza diversa da pedida, porquanto o fato de a sentença ser, efetivamente, de índole distinta da colimada pelo autor se deveu à circunstância de não se poder haver chegado à investigação do *meritum cause*.

Em princípio, as sentenças que acarretem extinção do processo sem resolução do mérito não se sujeitam à via rescisória (CPC, art. 966, *caput*). Dissemos *em princípio*, porque a realidade da vida forense tem demonstrado que, em situações específicas, torna-se absolutamente imprescindível admitir-se a rescisão dos pronunciamentos jurisdicionais que tenham posto fim ao processo *sem* apreciação do mérito, sob pena de tolerar-se que certos direitos processuais das partes, lesados por ato do juiz, fiquem sem possibilidade de reparação, ou quando não se admite um recurso, com o fundamento de ser intempestivo, e se comprova que era tempestivo. Não é este, porém, o momento e o lugar para nos dedicarmos ao estudo dessa importante questão que bordejamos apenas de passagem.

Estabelece o art. 494, do CPC, que o juiz, ao publicar a sentença, não mais pode alterá-la, exceto: a) para corrigir-lhe inexatidões materiais ou erros de cálculo; b) em virtude de embargos de declaração. O texto atual, ao contrário do CPC anterior (art. 463), não mais se refere à *sentença de mérito*. Logo, a regra é aplicável a toda e qualquer sentença. Há, todavia, situações em que a sentença pode ser modificada, regularmente, fora dos casos previstos no art. 464, como ocorre no caso de indeferimento da petição inicial, com a consequente extinção do processo sem resolução do mérito (CPC, art. 485, I). O ato jurisdicional extintivo do processo é sentença (CPC, art. 316). Se o autor apelar da sentença, o juiz poderá retratar-se no prazo de cinco dias, ou seja, revogar a sentença (CPC, art. 331). O próprio § 7º do art. 485, aliás, prevê a possibilidade de o juiz retratar-se em todos os casos mencionados nos seus incisos I a X, desde que a sentença tenha sido impugnada por meio de apelação.

Inciso I. Indeferimento da petição inicial. O 1.º do art. 330, do CPC, menciona, em quatro incisos, os motivos que autorizam o indeferimento da petição inaugural. São os seguintes:

a) Inépcia. Considera-se inepta a petição quando: a.a) lhe faltar pedido ou causa de pedir; a.b) o pedido for indeterminado, exceto nos casos em que, por força de lei, se permite a formulação de pedido genérico; a.c) da narração dos fatos não decorrer, de maneira lógica, a conclusão; a.d) contiver pedidos incompatíveis entre si.

Os juízes do trabalho devem ser extremamente cautelosos na aplicação desse preceito legal. Não queremos com isso dizer que não possam, em hipótese alguma, decretar a inépcia da inicial, e, sim, que não devem aplicar com rigor excessivo a norma civilista, sob pena de escoriarem o princípio da simplicidade que informa o procedimento trabalhista. Essa advertência deve ser acatada com muito mais intensidade por aqueles magistrados que entendem estar em pleno vigor o art. 791, *caput*, da CLT, que outorga às partes o *ius postulandi*, vale dizer, a capacidade para praticarem pessoalmente em juízo todos os atos processuais necessários à defesa dos seus direitos e interesses manifestados na causa, inclusive, a invocação da própria tutela jurisdicional.

De qualquer modo, ainda que se encontre presente uma das eivas que comprometem a aptidão da peça inaugural, como instrumento de deflagração do processo e do procedimento que lhe é correspondente, não deve o juiz pronunciar, de imediato, a inépcia, indeferindo essa petição e fazendo extinguir o processo sem resolução do mérito. Tal atitude seria precipitada e, de certa maneira, arbitrária. Assim, incumbirá ao magistrado, diante da falha verificada, determinar, por despacho, que o autor emende ou complete a inicial, no prazo de quinze dias (CPC, art. 321, *caput*). Somente se o despacho não for atendido é que, decorrido o prazo, poderá o juiz indeferir a petição. Fique claro que, também nesse processo, o ato pelo qual se indefere a petição inicial é sentença, e não, como se possa imaginar, mero despacho.

A regra é elementar: se o mencionado ato provoca a extinção do processo só se pode cogitar, na espécie, de sentença (art. 316). O art. 331, *caput*, do digesto processual civil, alude, a propósito, à apelação interposta da sentença que indeferir a petição inicial, a demonstrar, com isso, que dito ato jurisdicional é recorrível. No processo do trabalho esse recurso é o ordinário (CLT, art. 895, "a"), que, como dissemos, pode ter como destinatárias não apenas as sentenças "definitivas", de que fala o texto legal, mas, também, as "terminativas".

Se bem refletirmos, veremos que o indeferimento da petição inicial não deveria ser considerado causa de extinção do processo, mas de impedimento de constituição do processo. Anteriormente, vindo o autor a recorrer da sentença "terminativa", e sendo o recurso admitido pelo juízo *a quo*, este deveria mandar citar o réu para acompanhar os trâmites da impugnação (CPC, de 1939, art. 296, *caput*), cuja citação valeria para todos os termos ulteriores do processo (*ibidem*, § 1º). Se o recurso fosse provido, o réu seria intimado, na pessoa de seu procurador, para responder à ação (§ 2º); caso não tivesse procurador nos autos, o processo correria à sua revelia (§ 3º).

Atualmente, porém, indeferida a inicial, o autor poderá recorrer, facultando-se ao juízo, no prazo de cinco dias, reformar a decisão (CPC, art. 331, *caput*). Mantida a decisão, o juiz mandará citar o réu para responder ao recurso (*ibidem*, § 1º).

b) Ilegitimidade de parte. Figura como uma das condições para o exercício da ação (CPC, art. 17). Como regra geral, podemos estabelecer que a legitimidade decorre da vinculação da parte à relação jurídica material havida ou existente ou que se pretende ver reconhecida. Daí por que se tem dito que a substituição processual traduz uma forma de legitimação anômala, porquanto o substituto, embora atue em nome próprio, postula direito alheio. No caso dos sindicatos, os titulares do direito material *in iudicio deducta* são os integrantes da categoria profissional. A legitimidade do sindicato para agir na qualidade de substituto processual, porém, não subtrai a legitimidade dos titulares do direito material, que, por isso, poderão invocar, diretamente, a prestação da tutela jurisdicional, desde que o façam na forma da lei. Há, sob esse aspecto, uma legitimidade concorrente entre substituto e substituído.

Verificando, o juiz, que a ilegitimidade (seja ativa ou passiva) é manifesta, como diz a lei (CPC, art. 330, II), por sentença indeferirá a petição inicial, fazendo com que se extinga o processo sem resolução do mérito. Como o ato jurisdicional gera a terminação do processo, fica patente tratar-se de sentença (CPC, arts. 203, § 1º e 485, I).

Se a ilegitimidade não for manifesta, o juiz poderá ouvir a parte contrária e realizar uma espécie de instrução incidental acerca da matéria, a fim de colher elementos que serão utilizados para a formação do seu convencimento jurídico.

c) Falta de interesse processual. Constitui outra das condições para o exercício da ação (CPC, art. 17). Em linhas gerais, podemos afirmar que o interesse processual está ligado à necessidade que tem a parte de obter um provimento jurisdicional capaz de assegurar-lhe um bem da vida, ou à utilidade que, com vistas a esse escopo, representa a decisão judicial. É, justamente, à luz desse binômio necessidade/utilidade que deve ser avaliada a existência do interesse processual, tanto ativa quanto passivamente. A falta desse interesse torna o autor carecente da ação e conduz à extinção do processo sem resolução das pretensões de direito material por ele formuladas na demanda.

Conquanto, em princípio, o interesse processual deva estar presente no momento do ingresso em juízo, há situações em que a existência, ou não, desse interesse, acaba sendo reservada para o momento da emissão da sentença de fundo. Explicando-nos melhor: se, quando do ingresso em juízo, não havia esse interesse (mas o órgão jurisdicional, por algum motivo que agora não vem ao caso investigar, não tenha indeferido a petição inicial), embora este venha a surgir no curso da ação, a parte não deverá ser declarada carecedora da ação, pois a superveniência do interesse faz desaparecer o motivo dessa carência. Sendo assim, se, ao invocar a prestação da tutela jurisdicional, o autor ainda não tinha direito, digamos, ao gozo de férias, mas esse direito se constituiu durante o trâmite processual, ele não deverá ser considerado carecedor da ação, pela sentença — que, na espécie, será de mérito, porquanto caberá ao juízo apreciar o pedido constante da petição inicial, seja para acolhê-lo ou para rejeitá-lo.

d) Não atendimento às prescrições dos arts. 106 e 321. Dispõe o art. 106, que o advogado ou a parte quando postular em causa própria deverá: a) indicar, na petição inicial ou na contestação, o endereço em que receberá intimações; e b) comunicar ao juízo qualquer mudança de endereço. Se ele não atender à primeira exigência legal, o juiz, antes de mandar citar o réu, determinará que a falta seja suprida em quarenta e oito horas, sob pena de indeferimento da petição inicial; não atendida a segunda, reputar-se-ão válidas as intimações enviadas, mediante carta registrada, ao endereço constante dos autos.

É evidente, contudo, que o indeferimento da petição inicial, por falta de indicação do endereço em que o advogado receberá intimações, só se justifica no caso do advogado do autor, pois seria desarrazoado supor que tendo a falta sido praticada pelo procurador judicial do réu a consequência fosse o indeferimento da petição inicial. Se assim fosse, não existira sanção processual ao réu, mas premiação deste.

O art. 330 do CPC contempla mais um caso de indeferimento daquela petição: quando não atendidas as prescrições do art. 321 desse Código, ou seja, quando o autor deixar de atender ao despacho judicial que lhe ordenou emendar ou completar a inicial, no prazo de quinze dias, com a finalidade de corrigir defeitos ou irregularidades que ela apresenta. O parágrafo único do art. 321, a propósito, alude ao indeferimento da inicial.

O indeferimento dessa petição, nas situações que apreciamos, acarreta, em princípio, a extinção do processo sem resolução do mérito.

2.2. Uma nota incidental sobre a decadência e a prescrição

No sistema do CPC de 1973, a decadência e a prescrição, quando verificadas "desde logo", impunham o indeferimento da petição inicial (art. 295, IV).

Ao tempo em que esteve a viger o sobredito Código, denunciamos a existência de uma certa antinomia em seu sistema, a respeito do assunto (*Curso de direito processual do trabalho*. São Paulo: LTr, 2009. v. II. p. 1.252).

Argumentávamos: segundo o art. 267, do CPC, haveria extinção do processo *sem* resolução do mérito quando o juiz indeferisse a petição inicial (inc. I). Entre os casos de indeferimento dessa petição, previstos no art. 295 do mesmo Código, estava o de verificação judicial da existência de decadência ou prescrição (inc. IV). Nenhum problema haveria quanto à interpretação dessas normas, não fosse o fato, extremamente significativo, de o art. 269, do próprio CPC, declarar, em incobrível antagonismo com o art. 267, I, que a prescrição e a decadência constituíam causas de extinção do processo *com* exaustão do mérito (inc. IV).

Coincidência, ou não, o art. 330 do CPC em vigor não inclui a prescrição e a decadência *no elenco das causas de inépcia da petição inicial — embora autorizem a resolução* do processo *com* resolução do mérito (art. 487, II).

Se a prescrição ou a decadência compreenderem todos os pedidos formulados na inicial, o juiz procederá ao julgamento antecipado do mérito (CPC, art. 355, I).

2.3. Uma nótula sobre o procedimento inadequado

Pelo sistema do processo civil de 1973 a petição inicial seria indeferida quando o tipo de procedimento escolhido pelo autor não correspondesse à natureza da causa ou ao valor da ação. Nessa hipótese, o indeferimento ocorreria somente se não fosse possível adaptá-la ao procedimento legal (inc. V).

Essa causa de indeferimento da petição inicial foi excluída pelo art. 330 do CPC atual.

Inciso II. O processo ficar parado durante mais de um ano por negligência das partes.

Não há dúvida de que, a partir do momento em que as partes ingressam em juízo delas se exige a prática de atos processuais, que irão desaguar em sua foz natural, a sentença de mérito.

A norma legal em estudo, entretanto, oferece algumas dificuldades de ordem prática, no que respeita a saber em que situações exatamente a paralisação do processo, por mais de um ano, em virtude de negligência dos litigantes, ensejaria a extinção deste. A primeira dúvida é quanto à configuração subjetiva dessa negligência, desse descaso processual: o ato, capaz de caracterizar o desleixo, deve decorrer de ambas as partes, ou de uma delas apenas? Se julgarmos que deva emanar dos litigantes, em conjunto, não será fácil encontrar uma situação concreta, em que isso possa acontecer. Poderíamos pensar na suspensão do processo, que é ato derivante da vontade convergente das partes (CPC, art. 313, II). Sucede, no entanto, que a mencionada suspensão não pode exceder a um ano ou seis meses, conforme seja a hipótese, segundo esclarece o § 4º do art. 313 do CPC; e o que prevê o art. 485, II, é a paralisação do processo por período superior a um ano. Dessa forma, se a suspensão ultrapassar a seis meses ou a um ano, os autos deverão ser conclusos ao juiz, que ordenará o restabelecimento do curso do procedimento (CPC, art. 313, § 5º), não dando margem, assim, à incidência do art. 485, II, do mesmo Código. Se, ao contrário, entendermos que a extinção do processo possa derivar de negligência de uma das partes, seguramente nos submeteríamos ao embaraço de sustentar a possibilidade de o processo ser extinto quando a negligência for do réu. A prevalecer essa opinião, o réu estaria fortemente estimulado a negligenciar em juízo, porquanto esse seu desleixo conviria aos seus interesses como integrante do polo passivo da relação processual. Estaria o réu, em derradeira análise, a beneficiar-se da própria torpeza. Se, finalmente, concluirmos que a inércia capaz de acarretar a extinção do processo deva ser, unicamente, a do autor, estaremos negando a expressão literal do art. 485, II, do CPC, que faz referência às partes; além disso, a atitude desleixada do autor, em particular, é tratada no inc. III do mesmo dispositivo legal, embora se cuide aí de abandono da causa por período superior a trinta dias.

Pondo de lado as eventuais dificuldades de ordem prática quanto à aplicação da regra inscrita no art. 485, II, do estatuto processual civil, devemos afirmar que a paralisação do processo (melhor: do procedimento) por mais de um ano, em virtude de negligência dos litigantes, será causa de sua extinção, sem exame do mérito. Nos casos em que a incúria provenha de ambas as partes, a extinção do processo será determinada pelo juízo competente, por sua iniciativa ou a requerimento do Ministério Público, sempre que isso for possível. Seria insensato imaginar que a extinção pudesse ser solicitada por um dos litigantes desmazelados.

É óbvio que a extinção do processo sem resolução do mérito só faz sentido, de modo geral, quando diga respeito aos processos de conhecimento e cautelar. Não há como extinguir-se o processo de execução (forçada) sem exame do mérito da causa, justamente porque a execução de título judicial (a mais frequente no processo do trabalho) pressupõe o trânsito em julgado (execução definitiva) de um pronunciamento jurisdicional que haja penetrado o mérito da demanda ou, quando menos, que esse pronunciamento penda de recurso dotado de efeito meramente devolutivo (execução provisória).

Feitas essas considerações, voltemos a atenção, novamente, para o inc. II, do art. 485, do CPC, para acrescentar outros escólios, agora conclusivos.

Estatui o § 1º do art. 485 do CPC que, nas hipóteses mencionadas nos incisos II e III, a parte (ou ambas as partes) será intimada, pessoalmente, para suprir a falta no prazo de cinco dias (sob pena de extinção do processo). Sustenta Egas Moniz de Aragão, diante disso, que: a) se a parte mudou de endereço a sua intimação deverá ser efetuada mediante edital: b) de nada valerá a ela demonstrar que a paralisação do procedimento não decorreu de sua negligência, porque a norma legal não prevê, neste caso, a ocorrência do elemento subjetivo, de tal modo que bastará o decurso de mais de um ano para que o processo seja extinto (*Comentários ao código de processo civil*. 1. ed. Rio de Janeiro: Forense, 1974. v. II, p. 420/421).

Discordamos do eminente jurista, em ambas as afirmações. Em primeiro lugar, por entendermos que se a parte mudou de endereço, sem comunicar ao juízo o novo, a intimação não deverá ser feita por edital, mas encaminhada ao endereço constante dos autos. O art. 77, V do CPC, exige que a parte dê ciência do novo endereço ao juízo, sob pena de ser reputada válida (eficaz) a intimação remetida, em carta registrada, ao endereço existente nos autos. Essa regra é profundamente salutar, pois se destina a evitar que o litigante (máxime, o réu) tire proveito do fato de haver mudado de endereço sem cientificar ao juízo. A compatibilidade dessa norma com o processo do trabalho, por isso, é incontestável. Em segundo lugar, por estarmos convencidos de que se a parte demonstrar que a paralisação do procedimento não pode ser imputada à sua presumida negligência, ao juiz caberá — uma vez afastado o motivo determinante da paralisação — fazer com que o curso deste seja restabelecido.

Inciso III. Quando, por não promover os atos e diligências que lhe competir, o autor abandonar a causa por mais de trinta dias.

Ao invocar a prestação da tutela jurisdicional, com a finalidade de ver satisfeita uma pretensão vinculada a bens ou a utilidades da vida, ao autor incumbirá praticar uma diversidade de atos tendentes a preparar o provimento jurisdicional de fundo, que acolha *a res in iudicio deducta*. É certo que o réu também deverá praticar atos que sejam úteis ou necessários à sua resistência às pretensões do adversário. O preceito normativo em foco trata, contudo, apenas, do abandono da causa pelo autor.

Como a lei fala em abandono, ressalta, para a configuração desse ato extintivo do processo, a presença do elemento subjetivo, traduzido na intenção (*animus*) de abandonar a causa. Assim, se, apesar de decorridos mais de um mês da data em que o autor deveria praticar determinado ato processual este demonstrar que não teve a intenção de abandonar a causa, o processo não deverá ser extinto. É algo semelhante ao que se passa no terreno da falta grave de abandono de emprego, que não ficará caracterizada se o trabalhador comprovar a ausência de *animus abandonandi*.

Sempre, pois, que o autor deixar de realizar, de maneira injustificada, por período superior a trinta dias, ato ou diligência que lhe competia, estará rendendo ensancha à terminação anormal do processo. Para que a extinção ocorra, torna-se indispensável não só o ânimo de abandonar a causa, mas a intimação do autor para que supra a falta em cinco dias (CPC, art. 485, § 1º).

Como a lei cogita de extinção do processo sem resolução do mérito pode-se construir a regra segundo a qual, apreciado o mérito, fica fora de qualquer possibilidade pensar-se em abandono da causa pelo autor. Essa inferência, embora seja rigorosamente lógica, poderia causar uma certa apreensão no espírito do réu e do próprio magistrado, porquanto a realidade tem demonstrado que o autor, mesmo depois de obter uma sentença de mérito favorável, deixa de praticar ato ou de dar sequência ao procedimento. Essa apreensão, todavia, não é de todo justificável, pois se já houve composição da lide (= julgamento do mérito), preclusa a oportunidade para a impugnação do provimento jurisdicional, o que se tem é o início do processo de execução com sua fase preparatória, qual seja, a liquidação da sentença exequenda. Nesse caso, eventual desinteresse do autor pela causa (= execução), conquanto não autorize a extinção do processo, na forma do art. 485, III, do CPC (ou, mesmo, do inc. II dessa norma) poderá fazer surgir a prescrição intercorrente, que é admissível no processo do trabalho, estando, aliás, insinuada no art. 884, § 1º, da CLT, ao aludir à "prescrição da dívida", como matéria que possa o devedor ventilar em seus embargos à execução. É evidente que não se trata, aqui, de prescrição originária, porquanto esta deve ser alegada no processo cognitivo. Equivocou-se, pois, o TST ao adotar a Súmula n. 114. O STF não incorreu nesse erro (Súmula n. 327).

A propósito, a Súmula n. 114, do TST, deve ser cancelada, em decorrência de a Lei n. 13.467/2017 haver inserido do art. 11-A, da CLT, segundo o qual "Ocorre a prescrição intercorrente no processo do trabalho no prazo de dois anos". Já não há, pois, razão para a sobrevivência da polêmica quanto à incidência da prescrição intercorrente no processo do trabalho.

A extinção do processo com fundamento no inciso III do art. 485, porém, pode ser: a) determinada por iniciativa juiz, se o abandono da causa se deu antes da contestação; b) requerida pelo réu, se já oferecida a contestação (§ 6.º do art. 485).

Inciso IV. Quando se verificar a ausência e pressuposto de constituição e de desenvolvimento válido e regular do processo.

Os pressupostos mencionados no texto legal compreendem duas classes fundamentais, que se referem: a) à constituição; e b) ao desenvolvimento regular da relação jurídica processual. Os pressupostos de constituição abarcam os subjetivos (partes e juiz) e os objetivos (ação ou demanda); os de desenvolvimento, por sua vez, concernem às partes (capacidade de ser parte, capacidade de estar em juízo e capacidade postulatória); ao juiz (jurisdição, competência e imparcialidade); e ao procedimento (inicial apta, citação válida e inexistência de perempção, litispendência, coisa julgada e conexão).

Os pressupostos de desenvolvimento, concernentes ao procedimento, de acordo com a classificação que apresentamos, foram pelo legislador tratados em inciso específico (IV) do art. 485 do CPC.

A falta de qualquer dos pressupostos — aqui enfeixados os de constituição e os de desenvolvimento — acarreta a extinção do processo, sem resolução do mérito, conforme o sistema adotado pelo art. 485, do diploma processual civil, onde está dito que, nesse caso, o juiz não resolverá o mérito.

Lembra Hélio Tornaghi que os pressupostos processuais nada mais são do que relações preliminares, de natureza diversificada (constitucional, administrativa, civil etc.), ou mesmo de caráter processual, necessárias à existência ou à validade da relação processual e pertinentes aos sujeitos ou ao objeto dela, acrescentando: "Em algumas ordenações o exame dos pressupostos é objeto de um processo preliminar, um pré-processo (*Vorverfahren*), que segundo Wach, (*Handbuch*, p. 38) é *Verfahren Éber die Prozessvoraussetzungen*, isto é: procedimento sobre os pressupostos processuais. A este procedimento chamam os espanhóis *proceso sobre el proceso*" (*Comentários ao código de processo civil*. 2. ed. São Paulo: Revista dos Tribunais, 1978. v. II, p. 334).

No Brasil, não há, propriamente, um "processo preliminar", devotado ao exame dos pressupostos indispensáveis à constituição e ao desenvolvimento regulares da relação jurídica processual. A apreciação desses pressupostos é feita no curso do próprio processo, algumas vezes antes mesmo da resposta do réu e, outras, após esta ser oferecida. Não deixa de haver, nisso, uma ponta de ilogismo, pois se o juiz declara, digamos, a ausência de um pressuposto necessário à constituição da relação processual, fica difícil entender como pôde dizer, no processo, que não há processo... A não ser que se deva referir ao primeiro como "processo", aspadamente.

Não poderíamos encerrar nosso parecer sobre os pressupostos processuais sem apreciar um assunto que, embora não se inclua nos domínios desses pressupostos, é fronteiriço com eles. Referimo-nos aos regimes litisconsorciais e os requisitos necessários à sua regular constituição.

Não são raros, na prática, os casos em que o juiz tem diante de si as denominadas "reclamatórias plúrimas" — expressão exótica e destituída de qualquer significado verdadeiramente jurídico, criada por uma jurisprudência despreocupada com os escrúpulos científicos e iludida pela ideia de que a autonomia enciclopédica do processo do trabalho se resume a uma questão terminológica.

O que se dá, em rigor, em situações como a mencionada, é a formação de um regime litisconsorcial, que pode ser ativo (vários autores), passivo (vários réus) ou misto (vários autores e vários réus), cuja instituição, pelos sistemas normativos, se funda em motivos de índole pragmática, pois o fato de as partes se consorciarem na lide permite, a um só tempo, obter uma economia de atos processuais e evitar pronunciamentos jurisdicionais eventualmente contrastantes, acerca de um mesmo assunto. É verdade que esses motivos só se justificam com relação ao litisconsórcio *simples*, uma vez que no caso do *unitário* o provimento jurisdicional, por definição, deve ser sempre uniforme para todos os compartes.

O que nos leva a falar sobre os regimes litisconsorciais, contudo, não é a preocupação de explicar em que consistem ou qual a razão de ser de cada um e, sim, a necessidade de denunciar a formação absolutamente irregular de regimes dessa natureza, na prática, que tantos transtornos acabam por acarretar ao procedimento.

Com vistas a essa crítica, ocupemo-nos, somente, do litisconsórcio facultativo simples, porquanto essa modalidade tem sido a principal responsável pelos tumultos do procedimento, há pouco mencionados.

Para que se constitua, regularmente, um regime litisconsorcial dessa natureza, é imprescindível que a causa de pedir e os correspondentes pedidos sejam os mesmos ("entre as causas houver conexão pelo pedido ou causa de pedir" — CPC, art. 113, II), de tal maneira que, por economia processual, uma só sentença possa solucionar diversas lides homogêneas, aglutinadas num mesmo processo. Em termos lacônicos, aliás, o litisconsórcio pode ser definido como a acumulação de várias ações num só processo.

O que se tem presenciado, entrementes, no cotidiano forense, é a formação completamente irregular (= arbitrária) de regimes litisconsorciais, em que não há coincidência de causas de pedir nem de pedidos (ativo), ou inexiste qualquer relação jurídica entre os diversos réus (passivo). A consequência, como já antecipamos, tem sido a instauração de um tumulto do procedimento, que dificulta a defesa, convulsiona a instrução, torna complexa a entrega da prestação jurisdicional e embaraça, sobremaneira, o exame dos recursos. Não há negar que os advogados têm sido responsáveis, em grande parte, por essas situações tumultuárias, ao encambulharem, num mesmo processo, ações e pretensões distintas. É preciso dizer, todavia, que os juízes também possuem considerável parcela de responsabilidade pela existência e sobrevivência desses "litisconsórcios tumultuantes", na medida que, com um pouco de cuidado e de conhecimento processual poderiam dar-lhes cobro logo no nascedouro.

Essa assertiva nos coloca diante da razão especial que nos levou a falar do assunto nestas páginas que versam sobre os pressupostos de constituição e de desenvolvimento regulares da relação jurídica processual. Ao tempo em que exercíamos a magistratura em primeiro grau de jurisdição, adotamos diversas práticas que, sem contrariar a lei, visavam a permitir que o procedimento fluísse com naturalidade até a sentença de mérito. Esse "fluir com naturalidade" significava evitar a instauração de incidentes ou de desvios do *due process of law* e exigia um permanente e imediato controle dos atos realizados pelas partes, ou que elas desejavam realizar. Entre as práticas que instituímos, incluía-se a de fazer com que toda petição inicial que contivesse mais de um autor, ou mais de um réu, fosse, antes da citação, submetida à nossa apreciação. Com isso, podíamos verificar se, em cada caso concreto, se justificava a constituição do regime litisconsorcial. Se nos convencêssemos que sim, liberávamos a petição inicial e sua cópia, com vistas à citação; caso contrário, caracterizada a ausência dos pressupostos legais necessários à formação do regime litisconsorcial (identidade de causa de pedir e de pedidos), indeferíamos, por sentença, a petição inicial, declarando extinto o processo sem resolução do mérito. Na espécie, não se concedia ao autor a oportunidade prevista no art. 321 do CPC, porque não se tratava aí de defeito ou irregularidade da petição inicial, mas de falta de pressuposto legal indispensável para a constituição regular do regime litisconsorcial. Ao autor ficava reservada, como é óbvio, a faculdade de impugnar a sentença "terminativa", mediante recurso ordinário.

A consequência prática desse controle prévio pode ser mensurada por meio de dados estatísticos: até onde nos lembramos, nenhum litisconsórcio, por tal forma "depurado", acarretou algum tipo de tumulto do procedimento, em quaisquer de suas fases. Esse mesmo controle era realizado, enfim, para verificar a regularidade da formação de qualquer espécie de regime litisconsorcial.

O § 1º do art. 113 do CPC, permite ao juiz limitar o litisconsórcio *facultativo* quando o número de litigantes puder comprometer a rápida solução do conflito, dificultar a defesa ou o cumprimento da sentença. O pedido de limitação interrompe o prazo para a resposta do réu, que recomeça da intimação da decisão sobre o tema. Tratando-se de regime litisconsorcial irregularmente constituído, a parte contrária poderia adotar duas atitudes, em ordem sucessiva: a) primeiramente, requerer a extinção do processo, sem resolução da lide, em decorrência da irregularidade do regime litisconsorcial; b) segundamente, em ordem subsidiária (CPC, art. 326), requerer a redução do número de litisconsortes, ao argumento de que o número atual dificulta a elaboração da defesa (CPC, art. 113, § 1º) — ou melhor, o exercício do direito constitucional de ampla defesa (CF, art. 5º, LV).

Inciso V. Quando o juiz reconhecer a existência de perempção, litispendência ou coisa julgada.

Trata-se, aqui, de pressupostos *negativos*, porque se diz que o desenvolvimento regular da relação processual só poderá ocorrer se *não existir* perempção, litispendência ou coisa julgada; havendo, e sendo reconhecida qualquer uma delas pelo juiz, o processo será extinto sem resolução do mérito.

Perempção. É a perda momentânea do exercício de um direito. Casos típicos de perempção, no processo do trabalho, são os referidos nos arts. 731 e 732, da CLT. Este último estabelece, em particular, que se o autor der causa a duas extinções consecutivas do processo (sem julgamento do mérito), em virtude de sua ausência injustificada à audiência (denominada, pela praxe forense, de "inicial"), "incorrerá na pena de perda, pelo prazo de seis meses, do direito de reclamar perante a Justiça do Trabalho". O processo civil de 1973 era dotado de norma assemelhada, mas com efeito mais contundente, como evidenciava o seu art. 268, parágrafo único, por força do qual a extinção do processo, por três vezes, em decorrência de abandono da causa, impediria o autor de intentar a ação, novamente, perante o mesmo réu, ficando-lhe assegurada, porém, a faculdade de alegar o seu direito (material) em defesa.

O CPC atual reproduziu a regra no art. 486, § 3º. A norma, todavia, possui expressivos traços de inconstitucionalidade. Justifiquemo-nos.

Embora tenhamos dito que a perempção se trata de matéria de defesa, estamos convencidos de que as disposições contidas na CLT estão em antagonismo com o art. 5º, inciso XXXVI, da Constituição Federal em vigor, que proíbe a exclusão, do conhecimento jurisdicional, de qualquer lesão de direito ou ameaça de lesão. Sob esse prisma, estamos em boa sombra para julgar que os arts. 731 e 732, da CLT, foram revogados pelo art. 141, § 4º, da Constituição Federal de 1946 — que, aliás, "redemocratizou" o País, livrando-o do período ditatorial que marcou a vigência da Carta outorgada em 1937. Houve, no caso, revogação, porque o texto constitucional referido foi editado posteriormente aos arts. 731 e 732, da CLT. Se a cronologia fosse inversa, o que teríamos seria a inconstitucionalidade desses artigos da CLT. Há, por isso, inconstitucionalidade do § 3º do art. 486 do atual CPC.

O fato de o autor poder alegar em defesa o seu direito (CPC, art. 486, § 3º), não elimina o contraste dos arts. 731 e 732, da CLT, e do próprio art. 486, § 3º, do CPC, com a Constituição da República, até porque se não houver ação em que o outrora autor figure como réu, ele não poderá alegar, em defesa, o seu direito.

Litispendência. Caracteriza-se com a repetição de ação que está em curso (CPC, art. 337, § 3º). Uma ação é idêntica à outra quando possuem as mesmas partes, a mesma causa de pedir e os mesmos pedidos (*ibidem*, § 2º).

Coisa julgada. Configura-se quando se repete ação já decidida por sentença transitada em julgado (CPC, art. 337, § 4º).

Inciso VI. Ausência de legitimidade ou de interesse processual. São as condições da ação (CPC art. 17*).* O CPC anterior, perfilhando a doutrina original de Enrico Tullio Liebman, indicava como condições da ação: a) a legitimidade; b) o interesse processual; c) a possibilidade jurídica do pedido (art. 267, VI).

Posteriormente, contudo, Liebman reviu a sua doutrina e excluiu a possibilidade jurídica do pedido desse elenco.

O CPC atual, na mesma linha, inclui como condições para o exercício da ação, apenas, a legitimidade e o interesse processual (arts. 17 e 485, VI).

Rememore-se que Liebman excluiu a possibilidade jurídica do pedido do rol das condições da ação por entender que se existe um veto no ordenamento jurídico quanto à possibilidade de determinada pretensão ser posta em juízo, a sentença, ao tornar concreta essa proibição, provoca a extinção do processo mediante resolução do mérito, de maneira a impedir que o autor — sem que o obstáculo legal tenha sido removido — possa retornar a juízo, em ação futura, com a mesma pretensão.

Estamos de acordo com essa reformulação do pensamento do ilustre jurista italiano, pois se a lei proíbe a formulação de certo pedido, o provimento da jurisdição, que faz respeitar a norma legal, em rigor, *rejeita* a pretensão, e não apenas declara o autor carecente da ação. Em resumo, a sentença, no caso, extingue o processo com resolução do mérito, ao contrário do que afirmava o art. 267, VI, do CPC de 1973.

No que tange em particular, à legitimidade *ad causam*, esta, como o interesse processual, deve estar presente no momento do julgamento. Dessa maneira, se a parte, ao ingressar em juízo, se encontrava legalmente legitimada para fazê-lo, mas essa legitimidade veio a desaparecer no curso da ação, deverá o órgão jurisdicional declará-la carecente da ação. Essa declaração poderá ser emitida pelo próprio tribunal competente, quando do julgamento do recurso interposto da sentença de mérito, proferida ao tempo em que a parte ainda possuía legitimidade. O oposto também é possível: vir a parte a tornar-se legítima no curso do processo (logo, não a possuía quando do ingresso em juízo), hipótese em que o juiz não deverá considerá-la carecedora da ação. Esse fenômeno, em ambas as situações descritas, tem ocorrido, com maior intensidade, na denominada substituição processual, onde a lei ora a atribui a um determinado sindicato, ora a subtrai, fazendo com que isso acarrete consequências, inclusive, nas ações por ele já ajuizadas.

Inciso VII. Existência de convenção de arbitragem ou o juízo arbitral reconhecer a sua competência.

No processo do trabalho, de *lege lata*, não podem as partes, em princípio, eleger um árbitro para solucionar o conflito de interesses individuais existente entre elas, porquanto a Constituição Federal atribui à Justiça do Trabalho a competência material para solucionar lides dessa natureza (art. 114, I). Dissemos *em princípio*, porque, como exceção, a arbitragem pode ser realizada pelo Ministério Público do Trabalho.

A arbitragem é particularmente facultada nos casos de conflitos coletivos, uma vez que, quanto a isso, há expressa previsão constitucional (art. 114, § 1º). Desse modo, se o tribunal verificar que as categorias envolvidas no conflito coletivo haviam eleito árbitro para dirimir a controvérsia, deverá extinguir o processo sem exame do mérito, com fundamento no art. 485, VII, do CPC. Esclareça-se, todavia, que o tribunal não poderá conhecer *ex officio* da arbitragem, sabendo-se que a sua iniciativa para manifestar-se sobre matérias não alegadas pelas partes, dentro do assunto que estamos a examinar, está restrita aos incisos IV, V, VI e IX, da norma legal supracitada, que dizem respeito aos pressupostos de constituição e desenvolvimento regulares do processo, à perempção, litispendência e coisa julgada, às condições da ação e à morte da parte, respectivamente, como atesta o § 3º do mesmo artigo.

O processo também será extinto, sem prospecção do mérito, quando o juízo arbitral reconhecer a sua competência.

Inciso VIII. Homologar a desistência da ação.

No sistema do processo civil, decorrido o prazo para a resposta do réu, somente com a concordância deste o autor poderá desistir da ação (CPC, art. 485, § 4º). Esse preceito não incide no trabalho, valendo destacar o fato de que, aqui, a resposta, como regra, não é oferecida em prazo preestabelecido, como se dá no processo civil (CPC, art. 335), mas, em audiência (CLT, art. 847). Desse modo, enquanto a resposta do réu não for apresentada o autor poderá desistir da ação, mesmo em audiência, sem que, para isso, haja necessidade de ser consultado o seu adversário.

Há casos em que, no processo do trabalho, excepcionalmente, a contestação é apresentada fora da audiência, como se dá em relação às ações cautelares, às ações civis públicas e ao processo eletrônico. Nessas situações pode-se aplicar, à risca, a norma do art. 485, § 4º, do CPC.

Oferecida a contestação, a desistência só será possível se com ela concordar o réu; pode-se dizer, por isso, que o oferecimento da contestação confere a este o direito de obter um pronunciamento jurisdicional sobre o mérito, ainda que possa ser desfavorável aos seus interesses externados na causa. Apesar disso, entendemos que eventual oposição do réu à desistência deverá ser *motivada*, pois o simples fato de alegar um direito de ver apreciado o mérito da causa, por si só, não é o bastante para justificar a sua objeção à desistência da ação.

Se, a despeito da oposição do réu, o órgão jurisdicional homologar a desistência da ação, esse ato não ensejará a impetração de mandado de segurança (o réu poderia tentar argumentar com a existência de direito líquido e certo de não ver homologada a desistência), nem o uso da canhestra figura da correição parcial (pois não teria havido aí nenhum ato tumultuário do procedimento), conquanto possa ser impugnado por meio de recurso ordinário, por tratar-se de sentença; logo, de ato que deu fim ao processo, embora sem exame do mérito.

Se o autor requer a desistência da ação por haver, digamos, transacionado, há, nisso, erro de tipificação jurídica, devendo o juízo, se comprovada a transação, e convencendo-se de que ela foi regular, pôr fim ao processo com resolução do mérito (CPC, art. 487, III, "b"). A desistência da ação, na espécie, é apenas aparente, agindo como uma espécie de *Fata Morgana* das lendas bretãs, que tinha o poder de deformar as imagens formadas na superfície dos lagos.

Tratando-se de litisconsórcio ativo e facultativo, qualquer de seus integrantes poderá desistir da ação — observada a norma do art. 485, § 4º, do CPC —, porquanto a hipótese estará regida pelo art. 117 do mesmo Código, conforme a qual os litisconsortes serão considerados, em suas relações com o adversário, como litigantes distintos, de tal sorte que os atos e as omissões de um não prejudicarão os outros. Essa regra só incide no litisconsórcio *simples*, e não no *necessário/unitário*, pois aqui há necessidade de que integrem a relação processual todas as pessoas ligadas ao réu pela mesma relação jurídica, e que a decisão seja uniforme para todos.

Para que o processo se extinga, há necessidade de a desistência da ação ser homologada por sentença (CPC, art. 316).

Inciso IX. Quando, em caso de morte da parte, a ação for considerada intransmissível por disposição legal.

A ação de mandado de segurança (Lei n. 12.016/2009), por exemplo, tem caráter personalíssimo, motivo pelo qual não é transmissível a quem quer que seja: falecendo o impetrante, extingue-se, *ipso facto*, o processo.

Quando o direito de ação for transmissível, o espólio será representado pelo inventariante (CPC, art. 75, VII), ou por quem tiver sido declarado beneficiário perante a Previdência Social (Lei n. 6.858, de 24.11.1980).

Nesses casos, a lei permite a *suspensão* (não extinção) do processo (art. 313, I e § 1º) para efeito de regularização da representação processual.

Inciso X. Nos demais casos previstos no CPC.

Preocupou-se o legislador, nesse ponto, em deixar claro que o rol de causas de extinção do processo sem resolução do mérito (incisos I a X do art. 485 do CPC) não é exaustivo.

Entendemos, no entanto, que os "demais casos", a que se refere o inciso X do art. 485, não devem ser limitados àqueles previstos em outras partes do Código, sendo indispensável que se incluam, igualmente, todos os outros, contidos em leis avulsas ou trazidos pela realidade. Assim sustentamos porque a realizada da vida forense — esse laboratório notável —, em decorrência de sua dinâmica, é muito mais rica e expressiva do que possa imaginar o legislador em seu "engenho e arte".

Um exemplo está no art. 76, § 1º, I, do CPC: se o autor não suprir a sua incapacidade processual ou a irregularidade da representação, no prazo fixado pelo juiz, este decretará o fim do processo, sem resolução do mérito.

O art. 313, § 3º, do CPC, espelha um outro motivo de extinção do processo sem pronunciamento acerca do mérito: deixar, o autor, de nomear novo advogado, em substituição ao que faleceu no curso da demanda.

O CPC atual eliminou a ocorrência de "confusão entre autor e réu", mencionada no inciso X do art. 267 do CPC revogado, como causa para a extinção do processo sem julgamento do mérito.

§ 1.º No caso de o processo: a) ficar impedido de tramitar durante mais de um ano, por negligência das partes; ou b) de o autor não promover os atos e diligências que lhe cabem e, em razão disso, abandonar a causa por mais de trinta dias, o juiz intimará a parte, pessoalmente, para suprir a falta no prazo de cinco dias.

§ 2.º Se a intimação referida no inciso anterior não for atendida, as consequências processuais serão: a) o pagamento proporcional das custas pelas partes; b) o autor será condenado ao pagamento das despesas processuais e dos honorários de advogado.

§ 3.º O juiz deverá conhecer, *ex officio,* em qualquer tempo e grau de jurisdição, das matérias enumeradas nos incisos IV, V e VI do art. 485, desde que não tenha havido o trânsito em julgado.

O CPC revogado declarava que o juiz conheceria dessas matérias "enquanto não proferida a sentença de mérito". Essa dicção da lei nos levou a observar que o seu conteúdo deveria ser adequadamente interpretado, pois entendíamos que a referência à sentença de mérito, como limite final para que essas matérias fossem apreciadas de ofício, era dirigida, exclusivamente, ao juiz (ou juízo) no qual foi posta a ação, pois este, ao emitir a sentença de mérito, somente poderia modificá-la para corrigir-lhe inexatidões matérias ou erros de cálculo ou em decorrência de embargos declaratórios (art. 463, I e II). Desse modo, ainda que a sentença de mérito tivesse sido proferida, poderia o tribunal, em grau de recurso, conhecer, *por sua iniciativa*, da ausência de pressuposto de constituição e de desenvolvimento válido e regular do processo; da existência de perempção, litispendência e coisa julgada; da falta de legitimidade e de interesse processual. A expressão destacada significava que o tribunal poderia apreciar essas matérias mesmo que não tivessem sido objeto do recurso. O fundamento de nosso parecer estava na locução "em qualquer tempo e grau de jurisdição", utilizada pelo legislador ao redigir o § 3º do art. 277 daquele CPC.

O CPC atual corrigiu esse equívoco, ao fixar como momento final para que o órgão jurisdicional se pronuncie, *ex officio*, sobre as matérias enumeradas nos incisos IV, V, VI e IX do art. 485, o trânsito em julgado da decisão (sentença, acórdão).

§ 4.º Vimos que um dos casos que o juiz proferirá sentença sem resolução do mérito ocorre quando o juiz homologar a desistência da ação (CPC, art. 485, VIII).

Se a desistência da ação for manifestada depois de a contestação ter sido apresentada, os efeitos processuais desejados pelo autor somente serão produzidos se o réu concordar com o ato. Com vistas a isso, o juiz deverá intimar o réu para pronunciar-se a respeito, no prazo que lhe assinar. Se o réu não se manifestar nesse prazo, nem justificar porque não o fez, presume-se que concordou com a desistência da ação. Se, ao contrário, o réu, no prazo fixado, externar sua discordância com a desistência, o juiz não deverá, desde logo, indeferir a desistência; as regras de prudência, de sensatez, sugerem que ele procure saber do réu os *motivos* pelos quais se opõe à intenção do autor.

De qualquer modo, a desistência da ação somente produzirá efeito depois de homologada por sentença.

§ 5.º O requerimento de desistência da ação pode ser formulado (pelo autor, logicamente) até a sentença. A expressão legal "até a sentença" revela-se algo dúbia, anfibológica. Não se disse "até *antes* da proferição da sentença". A preposição *até* designa o fim, o termo final, a distância; seu sentido é *inclusivo*. Se digo: "a distância de A a B é de cem quilômetros", é evidente que estou inserindo B nessa mensuração. Portanto, a conclusão a extrair-se é de que o requerimento de desistência da ação pode ser apresentado, inclusive, quando proferida a sentença, mas antes do seu trânsito em julgado. Se foi essa, ou não, a intenção do legislador, é algo que pouco importa, pois a lei é um organismo vivo, que permite ser interpretada *per se*, vale dizer, pelo que a sua literalidade espelha, sem considerar-se o elemento subjetivo, a *mens legislatoris*.

§ 6.º Uma vez apresentada a contestação, a extinção do processo, decorrente do abandono da causa pelo autor, depende de requerimento do réu. Essa afirmação da norma coloca-nos diante de uma situação que poderá ensejar divergentes conclusões: se o réu for revel — significa, pois, que não apresentou contestação — e o autor vier a abandonar a causa por mais de trinta dias, o juiz poderá extinguir o processo independentemente de requerimento do réu? Entendemos que sim. Ao contestar, o réu adquire, por assim dizer, o direito de obter um pronunciamento jurisdicional sobre o mérito, ainda que este lhe venha a ser desfavorável; logo, se o réu não contestou, tornando-se revel, não se há que cogitar desse direito. Conseguintemente, estará franqueada ao magistrado a possibilidade de dar fim ao processo sem provocação por parte do réu.

§ 7.º A sentença que extinguir o processo sem resolução da lide é recorrível. Esse recurso será a apelação no processo civil; e o ordinário no processo do trabalho (CLT, art. 895, I).

Todavia, interposto o recurso, o juiz poderá retratar-se no prazo de cinco dias. Esse prazo não deve ser contado a partir do protocolo da petição do recorrente, e sim, da data em que os autos foram conclusos ao juiz, para despacho. O ato pelo qual o juiz se retrata (para restabelecer o processo que extinguira) constitui, no sistema do processo do trabalho, decisão interlocutória, razão pela qual é irrecorrível de imediato (CLT, art. 893, § 1º.).

2.4. Consequência da extinção do processo sem resolução do mérito

Por princípio, a extinção do processo sem julgamento da lide permitirá ao autor intentar, outra vez, a ação, segundo lhe faculta o art. 486, do CPC, desde que seja efetuado o pagamento ou o depósito das custas e dos honorários de advogados, se for o caso *(ibidem,* § 2.º). A sentença, no caso, não produz coisa julgada material, mas, apenas, coisa julgada formal, impedindo, com isso, que as partes voltem a discutir a causa, *no mesmo processo*. Essa é, a propósito, a grande diferença quanto aos casos de extinção do processo *com* resolução do mérito (CPC, art. 487), hipóteses em que o autor não poderá exercer, novamente, a ação. Entretanto, o próprio art. 485, do V, do CPC, demonstra a existência de algumas exceções, ou seja, de situações em que haverá extinção do processo mediante apreciação do mérito, como se dá quando o juiz reconhecer a existência de perempção, litispendência ou coisa julgada.

2.5. A atuação do juiz

Para que o órgão jurisdicional realize a solução do conflito de interesses, mediante a emissão de um provimento de mérito, é necessário, como vimos, que estejam presentes os pressupostos de constituição e de desenvolvimento regulares da relação jurídica processual, assim como as condições da ação. No sistema do CPC, o exame desses requisitos é realizado na fase de saneamento e de organização do processo, quando o juiz deverá: I — resolver as questões processuais pendentes, se houver; II — delimitar as questões de fato sobre as quais recairá a atividade probatória, especificando os meios de prova admitidos; III — definir a distribuição do ônus da prova, observado o art. 373; IV — delimitar as questões de direito relevantes para a decisão do mérito; V — designar, se necessário, audiência de instrução e julgamento (CPC, art. 357).

No processo do trabalho, esse saneamento não tem um momento específico para ser realizado, sendo, quase sempre, efetuado de maneira implícita, como quando o juiz designa audiência destinada à instrução oral do processo. Em outros casos, o juiz se reserva para apreciar no ensejo do proferimento da própria sentença de mérito preliminares pertinentes, por exemplo, à ilegitimidade das partes, à inépcia da petição inicial etc. O processo do trabalho, enfim, não possui uma disciplina específica para o saneamento processual.

Se fosse aplicar-se ao processo do trabalho o disposto no art. 357, do CPC, deveríamos levar em conta as seguintes ponderações:

Inciso I. Questões processuais pendentes. Havendo questões processuais pendentes, caberá ao juiz solucioná-las na fase de saneamento do processo. Essas questões podem dizer respeito à legitimidade das partes ou de terceiros, à sua representação processual, à existência, ou não, de interesse processual, à espécie de procedimento a ser adotado etc. Este inciso possui um ponto de contato com o art. 352.

Inciso II. Delimitação das questões de fato. Essa providência judicial é de extrema importância para a instrução processual e deveria ser adotada pelos juízes do trabalho. Para isso, será indispensável que o magistrado leia, com atenção, os fatos narrados na petição inicial e, com o mesmo cuidado, a contestação, a fim de verificar se aqueles fatos foram contestados, ou não, pelo réu. Sabendo, com precisão, quais são os fatos controvertidos, o juiz se sentirá seguro para dirigir os trabalhos da audiência de instrução. Quando o magistrado não toma o cuidado de inteirar-se acerca dos fatos controvertidos da causa acaba por propiciar um desses dois episódios lamentáveis e que implicam perda de tempo: a) permitir que sejam feitas perguntas às partes e às testemunhas acerca de fatos absolutamente incontroversos; b) indeferir a formulação de perguntas a respeito de fatos controvertidos, supondo que são incontroversos, rendendo ensejo, com isso, à costumeira alegação de nulidade processual por "cerceamento" de defesa.

Especificação dos meios de prova. Na prática, raramente os juízes do trabalho determinam que as partes especifiquem os meios de prova de que pretendem se utilizar para demonstrar a verdade dos fatos por elas alegados. Tanto a inicial quanto a contestação se limitam a requerer "a produção de todas as provas em direito admitidas", vindo a fazer uso do meio adequado no momento oportuno. Isto não significa que o juiz do trabalho jamais possa ou jamais deva agir de acordo com o art. 357 do CPC. Em determinadas situações, é aconselhável que ele, com vistas à designação de audiência destinada à instrução oral do processo, procure saber das partes de que meio de prova se utilizarão — indeferindo-o, se for inadequado. Se, por exemplo, o réu disser que pretende produzir prova testemunhal para comprovar o pagamento dos salários, o juiz, em princípio, deverá indeferir a produção dessa prova, porquanto a comprovação do pagamento de salários deve ser feita mediante recibo, ou por qualquer outro por meio documental (CLT, art. 464). O mesmo devemos afirmar se a parte desejar produzir prova testemunhal para comprovar a existência, ou não, de insalubridade, sabendo-se que o meio de prova legalmente previsto (logo, adequado) é o pericial (CLT, art. 195, § 2º).

Inciso III. Distribuição do ônus da prova. No processo do trabalho, o ônus da prova se encontra definido no art. 818, da CLT. Em determinadas situações, todavia, poderá ser aplicado o art. 357, III, do CPC.

Inciso IV. Delimitação das questões relevantes de direito. Na mesma oportunidade a que nos referimos no estudo do parágrafo anterior, será recomendável que o juiz do trabalho delimite as questões de direito que reputar relevantes para o exame do mérito. Essa providência visa a evitar, por exemplo, que a instrução tenha como objeto fatos irrelevantes, despiciendos, para a solução do conflito de interesses.

Inciso V. *Designação de audiência.* Se houver necessidade de produzir prova oral, o juiz designará audiência. Para os juízes do trabalho que adotam audiência una, ou quando se tratar de procedimento sumariíssimo, a prova será produzida na própria audiência em que o réu apresentou a sua defesa.

Sempre que tiver que se manifestar a respeito da legitimidade das partes, da regularidade de representação etc., o juiz deverá munir-se de especial bom senso, de maneira a tentar evitar, o quanto possível, que o processo se extinga (sem solução da lide), porquanto essa extinção acarretará uma perda de tempo para todos e de dinheiro (pagamento de despesas processuais) para os litigantes.

É evidente que o juiz não poderá, nesse mister de tentar salvar o processo, e em nome do interesse dos litigantes, deitar por terra determinadas normas de ordem pública. O que estamos a dizer é que deverá, sempre que for possível, empenhar-se em fazer com que a falta seja suprida, ou a irregularidade sanada, a fim de salvar o processo e, com isso, conduzi-lo em direção à sentença de mérito. Não é outra, aliás, a regra inscrita no *caput*, parte final, do art. 352, do CPC: "Verificando a existência de irregularidades ou de vícios sanáveis, o juiz determinará sua correção em prazo nunca superior a 30 (trinta) dias". O art. 282, § 2.º, do mesmo Código dispõe, por outro lado, que: "Quando puder decidir do mérito a favor da parte a quem aproveite a declaração de nulidade, o juiz não a pronunciará nem mandará repetir o ato ou suprir-lhe a falta": aí está o princípio da *proteção*.

Capítulo VI

Finalidade da sentença

O problema referente à finalidade da sentença é multifário, de tal maneira que, antes mesmo de passarmos a apreciá-lo, devemos dizer que essa espécie de pronunciamento jurisdicional (que é, dentre todos, o mais importante) apresenta, na complexa estrutura político-processual, não *um* fim apenas, senão que *diversos* fins.

Essa multiplicidade teleológica da sentença decorre não só das posições jurídicas antagônicas que as partes assumem na relação processual, mas da própria visão política que o Estado tem do processo, como método oficial de solução de conflitos de interesses.

Deste modo, se considerarmos o ponto de vista exclusivo do autor, concluiremos que a sentença tem como finalidade assegurar-lhe um bem ou uma utilidade da vida, ou seja, satisfazer-lhe uma pretensão que foi resistida e insatisfeita pelo adversário. O pronunciamento da jurisdição, neste quadro, impõe ao réu a prática de um ato, que ele voluntariamente se recusa a realizar, ou a abstenção de um ato, que ele insiste em praticar.

Se dermos primazia ao ângulo óptico do réu, veremos que, para ele, o fim da sentença reside na declaração de que não está obrigado a realizar o ato, nem a abster-se de praticá-lo, ou de que nem sequer houve, entre ele e o autor, uma relação jurídica (ação declaratória negativa).

Para o Estado-juiz, o escopo da sentença repousa, certamente, na solução da lide. Sob esta perspectiva, podemos dizer que a sentença traduz a resposta jurisdicional do Estado às pretensões manifestadas pelo autor, ou por ambas as partes, além de converter-se em um elemento de pacificação das relações sociais e jurídicas, dado o seu caráter impositivo.

Não nos parece haver divergência doutrinal quanto à finalidade da sentença, segundo os pontos de vista mencionados, embora devamos ressaltar a particularidade de que o objetivo do pronunciamento jurisdicional apresente sensíveis variações, conforme seja o seu efeito declaratório, constitutivo, condenatório, executivo ou mandamental. A grande polêmica que existe, todavia, nesse terreno, deriva da verificação do fim da sentença sob a lente ideológica. Na base dessa controvérsia está a indagação essencial sobre ter a sentença uma finalidade, meramente, de aplicação da norma legal ou de criação do direito, ou, ainda, de efetiva realização da justiça.

Examinemos essas três posições.

1. Aplicação das normas legais

Partindo de uma visão dogmática do sistema político-institucional vigente em nosso meio, e de suas estruturas mais ou menos rígidas, não encontraremos dificuldades para concluir que a finalidade (ou função) da sentença deve ficar circunscrita à aplicação da lei aos casos concretos submetidos à cognição jurisdicional. "O Executivo administra, o Legislativo elabora as leis e o Judiciário as aplica" — esta seria, em síntese, a atribuição dos Poderes da República, com a separação idealizada por Charles de Secondat, Barão de la Brède e de Montesquieu, que a atual Constituição da República, na esteira das anteriores, consagrou (art. 2.º).

A figura do *judge made law* (juiz elaborador de leis) seria, assim, inconciliável com a tripartição dos Poderes do Estado — em que pese ao fato de saber-se que, em situações excepcionais, o Executivo legisla, o Legislativo julga e o Judiciário administra.

A concepção "legalista" da sentença estava materializada, entre nós, no art. 126 do CPC de 1973, ao declarar que ao juiz caberia "aplicar as normas legais". No mesmo sentido, o pensamento doutrinário predominante e a atitude da magistratura, inclusive, a do trabalho. A aplicação da lei aos casos concretos está implícita no art. 140, do CPC de 2015.

Por todos, fala Moacyr Amaral Santos: "A sentença, em suma, tem função declaratória de direito preexistente. É a aplicação da norma jurídica reguladora da lide a fim de compô-la, o objetivo da sentença. O direito abstrato, contido na norma aplicável, se concretiza com a declaração de sua aplicação à espécie" (*Comentários ao Código de Processo Civil*. 2. ed. Rio: Forense, 1977. vol. IV p. 425).

A opinião do jurista citado reflete a influência sobre ele exercida por pensadores europeus, especialmente, Chiovenda, Carnelutti e Calamandrei, para os quais a sentença encerra não apenas um ato de inteligência do magistrado, mas também de vontade, por parte deste. Desse modo, ao aplicar a lei ao caso concreto, por meio da sentença, o juiz nada mais faz do que valer o comando ínsito na norma legal incidente. A sentença é, pois, a afirmação da vontade da lei aplicada ao caso concreto (Chiovenda), de tal maneira que, ao assim agir, o juiz emite uma ordem ("comando", segundo Carnelutti), que qualifica a sentença, atribuindo-lhe o traço de ato de vontade do julgador. Esse "comando" revela, desse modo, a vontade da lei e, em consequência, do juiz, diante da situação trazida ao seu conhecimento.

Em resumo, para a doutrina majoritária, a sentença possui uma função essencialmente declaratória do direito preexistente, o que significa afirmar, por outros termos, que a sua finalidade não deve ir além da aplicação da norma legal ao caso concreto.

2. Criação do direito

Alguns autores, como Oskar Von Büllow, sustentam que a sentença cria o direito objetivo, porquanto as disposições legais, por serem abstratas e hipotéticas, são incapazes de disciplinar as relações entre os indivíduos. Dessa maneira, a sentença individualiza, particulariza a norma legal que regerá o caso concreto. Mortara perfilha a mesma opinião, acrescentando que a sentença cria o direito subjetivo, pois antes dela o que se tem, apenas, é mera pretensão. Não quer dizer, com isso, o ilustre jurista, que a sentença cria, a partir do nada, o direito subjetivo e, sim, que ela atribui força e efeitos de direito subjetivo a uma pretensão posta em juízo, por meio da ação.

Não cremos, *data venia*, que haja nessas situações criação do direito. Até podemos admitir que a lei contenha um "comando" geral e abstrato; isso não significa, porém, que a sentença, ao aplicar a norma legal ao caso concreto, esteja criando o direito, seja subjetivo ou objetivo. O direito preexiste ao pronunciamento jurisdicional e integra o ordenamento jurídico. A função da sentença, regra geral, é fazer com que se torne real e concreta a disposição abstrata da norma legal. Ela realiza, enfim, a subsunção do caso particular na moldura abstrata da lei — conquanto vá, nessa ideia de subsunção, muito daquela visão positivista, que predominou no século passado, da "plenitude do ordenamento jurídico", que considerava a atividade jurisdicional uma operação algo mecânica e passiva, restrita a essa submissão do caso concreto à regra legal (SILVA, *op. cit.*, p. 43).

Outros juristas sustentam que a sentença seria criadora do direito quando a lei fosse obscura ou não houvesse norma legal reguladora do caso submetido ao conhecimento jurisdicional.

Discordamos, igualmente, desse ponto de vista. Se a norma legal é confusa, obscura, o juiz, ao emitir a sentença, não estará criando o direito, senão que interpretando, segundo as regras tradicionais, a expressão imperfeita da norma legal. Assim como as leis claras não exigem interpretação, as obscuras necessitam ser adequadamente interpretadas, pois, bem ou mal, deverão regular o caso concreto que se amolde à previsão nelas contida. Quando, portanto, o juiz interpreta a lei, não cria o direito, mas apenas aplica a norma preexistente, segundo as regras da hermenêutica.

Ainda que, eventualmente, não haja norma legal a regular o caso concreto, não se pode dizer que estará aberta a possibilidade para o juiz criar o direito, por meio da sentença. Com efeito, dispõe o art. 126, parte final, do CPC, que se inexistir preceito legal a incidir na situação particular, deverá o juiz recorrer à analogia, aos costumes e aos princípios gerais de direito. Nesses casos, pois, o juiz não estará realizando uma atividade de elaboração do direito, mas fazendo uso de outras fontes jurídicas, para suprir a falta de um texto normativo específico.

Mesmo nas situações em que esteja autorizado a decidir por equidade (CPC, art. 140, parágrafo único), o juiz não cria o direito, mas aplica ao caso particular uma norma legal preexistente. No juízo arbitral, *v. g.*, o compromisso, mediante o qual os interessados se louvam em árbitros, que lhes resolvam as pendências judiciais ou extrajudiciais, poderá conter autorização para que este decida por equidade. Nos procedimentos especiais de "jurisdição voluntária" (melhor: administração pública de interesses privados), o juiz não está obrigado a observar o critério da legalidade estrita, "podendo adotar em cada caso a solução que reputar mais conveniente ou oportuna" (CPC, art. 723, parágrafo único). Aqui, por igual, não se pode afirmar que o magistrado estará criando o direito, pois o que na verdade se passa é que ele fica dispensado de curvar-se ao rigor do princípio da legalidade, embora deva aplicar a lei com certos temperamentos que levarão em conta as singularidades do caso concreto.

Em todas as situações narradas, bem se nota, o juiz não cria o direito, senão que faz incidir, com maior ou menor intensidade, o direito preexistente; quando não, recorre à analogia, aos costumes e aos princípios gerais, que constituem fonte de direito, o que não deixa de ser uma forma de submeter o caso concreto ao ordenamento jurídico.

Essas considerações, a nosso ver, são inteiramente aplicáveis ao direito processual do trabalho, no plano das ações individuais. Em sede de ação coletiva, contudo, conforme vimos, o acórdão que os tribunais emitem no exercício de sua jurisdição normativa (CF, art. 114, § 2.º) cria o direito que regulará as relações materiais entre os integrantes das categorias envolvidas no conflito. Aqui, sim, há pura elaboração do direito, visto que este brota do nada, do *nihil* normativo. Nasce, em síntese, com o acórdão que, por isso, tem caráter "jurígeno" e, em razão disso, ocupa lugar de destaque no amplo sistema dos pronunciamentos da jurisdição.

3. Realização da justiça

O que se irá discutir, a contar deste ponto, é se a finalidade da sentença, nas ações individuais, é, unicamente, a de aplicar a lei ao caso concreto, ainda que isso leve a uma solução injusta do conflito, ou pode ela, em algumas situações, ou no geral, ser produto exclusivo do senso de justiça do magistrado, mesmo que esse sentimento não corresponda à expressão literal do preceito.

Defrontar-se-ão, doravante, pois, duas ideias antagônicas: a) a dogmática, que restringe a função da sentença à aplicação da lei; b) a inovadora, que converte a sentença em instrumento de realização da justiça.

Para manifestarmos, com a necessária clareza, a nossa opinião em face do assunto, devemos fazer, logo de início, duas afirmações fundamentais: a) em princípio, a função de sentença se concentra, sem dúvida, na aplicação, ao caso concreto, das normas legais pertinentes; b) em decorrência disso, o juiz não pode decidir *contra legem*, exceto se a norma estiver em antagonismo com a Constituição da República.

Com efeito, não nos parece sensato, nem apropriado, asseverar que, em nosso sistema processual, possa o juiz decidir as lides individuais "segundo a sua consciência e sua íntima convicção", como fazia o "bom" juiz Magnaud, na França, no final do século XIX. Se o magistrado francês, presidente do Tribunal de primeiro grau, de Château-Thierry, tornou-se antológico por assim decidir, isso se deveu ao sistema vigente no período, que, exaltando em demasia o lema da liberdade, permitiu que os próprios juízes julgassem as causas, não de acordo com a lei, e, sim, consoante com os ditames de sua conveniência. Nas mãos do juiz Magnaud, aliás, "a lei variava segundo a classe, a mentalidade religiosa ou inclinações políticas das pessoas submetidas à sua jurisdição", como lembra Carlos Maximiliano. (*Hermenêutica e Aplicação do Direito*. 8. ed. Rio: Freitas Bastos, 1965. p. 95) É óbvio que o adjetivo "bom" lhe foi pespegado por todos aqueles a quem, em nome de um sistema que consagrava o princípio da livre persuasão, esse juiz beneficiou. Certamente que, aos olhos de quantos ele prejudicou ou perseguiu, teria entrado para a História com o título de um "mau" juiz, ou de um juiz injusto — se aos vencidos fosse dado escrever a História.

Não é tolerável, por isso, que o juiz togado (fazemos a ressalva porque os juízes classistas não têm compromisso histórico e institucional com a neutralidade, conquanto o tenham com o da legalidade), invocando o seu sentimento de justiça e os apelos de sua consciência como ser, decida contra a lei. Seria muito grande o risco para as democracias se fosse atribuído semelhante liberdade para a magistratura, pois o direito da parte poderia ser fulminado por um pronunciamento jurisdicional ditado por certas conveniências do juiz, ligadas, por exemplo, à situação econômica das partes, às suas convicções ideológicas ou políticas e mais. Se é exato que eventual faculdade de o juiz decidir segundo sua consciência e seu sentimento de justiça poderia, em muitos casos, ser favorável ao trabalhador, não menos verdadeiro é que, em outros tantos, seria prejudicial a este, como quando o juiz tivesse uma nítida simpatia pelas causas patronais.

Afastada a norma legal como elemento vinculador da formação do convencimento do magistrado, o que resta é pura arbitrariedade, capaz de fazer com que o juiz despreze a própria prova existente nos autos para decidir a favor de um dos litigantes por mera afinidade social, política, econômica, ideológica, religiosa etc., ou contra este, em decorrência de simples antipatia pessoal.

Não queremos, com isso, dizer que o juiz deva ser um leguleio, ou seja, um escravo fiel da expressão literal da lei, senão que alguém que deva decidir as lides segundo a norma legal. O que ao juiz se reconhece como lícito — e, em muitos casos, indispensável — é interpretar, adequadamente, a lei, seja para adaptá-la às transformações da realidade social ou factual, seja para torná-la mais justa ou menos injusta. No plano peculiar do direito material do trabalho, *v. g.*, sendo a suas normas dotadas de caráter protetivo do trabalhador, é absolutamente lógico com esse escopo de proteção que tais normas sejam interpretadas em benefício do trabalhador. Aqui incide, por inteiro, o princípio i*n dubio pro misero*, inspirado no *in dubio pro reo*, do direito penal.

O que não nos parece possível é fazer atuar esse princípio no campo da valoração das provas produzidas nos autos. Será frágil e vulnerável, em razão disso, a sentença emitida por juiz que, na dúvida diante das provas, tenha decidido em prol do trabalhador, com fulcro no *in dubio pro misero*. Ora, se a prova "ficou dividida", para usarmos uma expressão consagrada pela praxe, o que deverá o juiz fazer é decidir em favor da parte que produziu a "melhor prova". Com vistas a isso, caber-lhe-á valorar, com fundamento no art. 371 do CPC, a prova de melhor qualidade, cujo conceito variará de caso a caso. É evidente que essa valoração deve ser motivada, cumprindo ao juiz, em função disso, indicar as razões jurídicas pelas quais colocou, axiologicamente, uma prova acima da outra.

De algum tempo até esta parte, tomou corpo um movimento a que se denominou de "Direito Alternativo" (melhor: "Aplicação Alternativa do Direito"), que mereceu, em proporções quase idênticas, críticas e elogios, por parte dos estudiosos. Pelo que nos cabe opinar, devemos dizer que esse movimento, embora contenha, em sua base doutrinal, mais ideologia política do que direito, não deve ser objeto de diatribes, pois possui, quando menos, o mérito de haver sido responsável por uma necessária revisão de certas posições dogmáticas e reacionárias, assumidas por nossos juízes e por juristas, em face da função da tutela jurisdicional e do significado da lei nesse quadro.

O título de "Aplicação Alternativa do Direito" parece-nos mais apropriado, porquanto vincula o juiz à lei, embora o torne mais livre para conferir a esta uma interpretação mais condizente com a realidade que a norma visa a regular.

Por outro lado, se as normas processuais se destinam, de acordo com o objetivo pragmático que leva o autor a juízo, a fazer valer o direito material (ainda que, como dissemos, o direito de ação, por ser abstrato, possa ser exercido sem a presença do direito material), tem-se como absolutamente lógica a necessidade de o juiz, ao interpretar aquelas, deixar-se presidir pelo mesmo espírito protetivo, que anima a elaboração e a interpretação destas. Por outros termos, ao interpretar as normas de processo, o juiz deve ter em mente o mesmo escopo tuitivo, que constitui o motivo político da formulação das regras de direito material e da consequente interpretação que deve ser dada a estas.

Fechemos este Capítulo com uma síntese de nosso pensamento: o juiz, nos conflitos individuais, deve aplicar a lei ao caso concreto, a despeito de poder dar-lhe uma interpretação que, sem desvirtuar-lhe o sentido, faça com que ela se torne mais justa, ou menos injusta, e, nisto, se insinua o contributo jurídico do magistrado para a indispensável adequação do sentido teleológico da norma à realidade social, política e econômica e às inomitíveis transformações orgânicas que esta apresenta.

Capítulo VII

REQUISITOS ESSENCIAIS

A sentença de mérito constitui, inegavelmente, o acontecimento máximo do processo, o seu momento de culminância. Sem perdermos o senso de moderação, podemos afirmar que nenhum ato processual é praticado, pelo juiz, pelas partes, pelos auxiliares do juízo, sem que esteja em seu objetivo, direta ou indiretamente, preparar o provimento jurisdicional de fundo, que resolverá a lide.

Pela importância extraordinária, que ostenta no processo, a sentença tem a sua validade formal condicionada à observância a determinados requisitos fundamentais, legalmente estabelecidos. Esses requisitos são de duas classes: a) estruturais; e b) de dicção. Dos primeiros cuida o art. 489 do CPC; dos segundos, o art. 1.022 do mesmo Código.

1. Requisitos estruturais

Dispõe o art. 489 do CPC que a sentença conterá: a) o relatório, compreendendo o nome dos litigantes, a suma do pedido do autor e da resposta do réu, assim como o registro das principais ocorrências havidas no curso do processo; b) os fundamentos, em que o juiz analisará as questões de fato e de direito; c) o dispositivo, no qual serão resolvidas, pelo juiz, as questões que as partes lhe submeterem.

Esses requisitos constam do art. 832 da CLT que, em linguagem menos técnica, exige que a decisão contenha o nome das partes, o resumo do pedido e da defesa (relatório), a apreciação das provas e os fundamentos da decisão (motivação) e a conclusão (dispositivo). O art. 280 do CPC de 1939 fazia, *mutatis mutandis*, referência a esses mesmos requisitos.

1.1. Relatório

Relatar significa, lexicamente, narrar, descrever determinados acontecimentos. Daí o substantivo relatório que, na terminologia jurídica, traduz a primeira parte da estrutura das sentenças e dos acórdãos, na qual deverá o juiz fazer um resumo dos principais sucessos do processo, aí incluídos não apenas os fatos alegados pelas partes, as razões jurídicas apresentadas, as provas produzidas, as propostas conciliatórias e as razões finais, mas os eventuais incidentes verificados, tomado aqui o vocábulo *incidentes* em sentido amplo.

O estatuto processual civil de 1939 dizia que o relatório deveria mencionar "o nome das partes, o pedido, a defesa e o resumo dos respectivos fundamentos" (art. 280, parágrafo único).

O motivo pelo qual os textos processuais exigem que a sentença contenha um relatório não é de ordem, apenas, jurídica, senão que política, pois é por meio desse resumo dos mais expressivos acontecimentos do processo que o juiz demonstrará às partes que compulsou, minuciosamente, os autos, antes de proferir a sentença; que proferiu, enfim, a sentença, com pleno conhecimento dos fatos principais da causa. Na vigência do CPC de 1939, a doutrina do período vinha entendendo que a falta do relatório não fazia nula a sentença, ao argumento de que isso não acarretava nenhum prejuízo às partes. Essa opinião doutrinal, entretanto, foi atropelada pelo diploma de processo civil de 1973, cujo art. 458 declarava ser o relatório requisito (ou elemento) essencial da sentença. O adjetivo *essencial* não constava do art. 280 do digesto de 1939. O art. 489, do CPC de 2015, também considera o relatório como elemento essencial da sentença (e do acórdão).

Em que pese ao fato de o relatório figurar como elemento essencial para a validade da sentença, no sistema do CPC em vigor, e de conhecermos as razões históricas pela qual os textos legais exigem a presença desse capítulo, entendemos que, *de lege ferenda*, a sentença poderia prescindir, perfeitamente, dessa síntese retrospectiva dos principais acontecimentos do processo, sem qualquer prejuízo para a qualidade da entrega da prestação jurisdicional. Justifiquemo-nos.

As experiências da vida prática estão a demonstrar, sobejamente, que o relatório foi, ao longo do tempo, se transformando em uma parte algo burlesca da sentença, sendo essa a face que apresenta na atualidade. Realmente, o que se vê, hoje, é o relatório ser: a) extremamente lacônico, resumindo-se a uma referência superficial a alguns fatos da causa, ou b) extremamente prolixo e maçante. No primeiro caso, não raro, o relatório é elaborado pelo magistrado que, preocupado com o volume de serviços e com a pletora de ações, e com o pouco tempo de que dispõe para dar vazão a tudo isso, no prazo legal, acaba por mutilar o relatório; quando não, adota um relatório-padrão, a ser utilizado na generalidade dos casos, e que, por isso mesmo, é redigido em termos vagos e subjetivamente inespecíficos. No segundo caso, o juiz, pelos motivos já expostos, comete a um funcionário (assessor ou não) o encargo de confeccionar o relatório. A consequência é que, para agradar ao juiz ou por desconhecer a regra de brevidade que preside a elaboração dessa parte da sentença, o funcionário faz um relatório longo, absurdamente detalhado, no qual, muitas vezes, são reproduzidos, quase que por inteiro, a inicial, a resposta do réu, o depoimento das partes, a inquirição das testemunhas, o laudo pericial e o mais...

É óbvio que tanto a falta quanto o excesso comprometem a razão de ser do relatório como elemento essencial da sentença de mérito, desprestigiando-a, por assim dizer. *In medio stat virtus* (a virtude está no meio), já advertia Horácio. Não é, todavia, por estarmos impressionados com essas faltas ou com esses excessos que estamos a preconizar o banimento, por lei futura, do relatório como parte imprescindível para a validade formal da sentença e do acórdão. O que nos leva a formular essa sugestão é o fato de considerarmos o relatório um capítulo inútil, se levarmos em conta a razão pela qual passou a ser exigido pelos sistemas processuais. Ora, se o escopo da lei é fazer com que o juiz, pelo relatório, demonstre às partes — e, de certa forma, à sociedade — haver manuseado os autos e, desse modo, haver mantido contato com os elementos de que se valerá para formar o seu convencimento jurídico a respeito dos fatos da causa, essa demonstração poderá ser feita na própria fundamentação, esta, sim, parte essencial da sentença.

Com efeito, ainda que se venha, *de lege ferenda*, a dispensar o relatório (ou, quando muito, torná-lo facultativo), o juiz poderá demonstrar, na motivação da sentença, que compulsou os autos, pois aí fará, necessária e naturalmente, referência aos fatos narrados pelas partes ou por terceiros, aos argumentos jurídicos por todos eles expendidos, às provas produzidas, aos incidentes verificados etc. De nada adianta, por exemplo, para o Direito e para os litigantes, a sentença conter um relatório longo, maçudo, e a fundamentação ser frágil, lacunosa e inconsistente.

Até que nossa sugestão se torne realidade, em termos de procedimento ordinário, o que de concreto se tem é a exigência legal de que a sentença contenha relatório, sob pena de ser atacada pela via rescisória, com fundamento no art. 966, V, do CPC. Com vistas a isso, só nos cabe aconselhar que se elaborem relatórios sucintos, sem que essa brevidade constitua pretexto para omissões ou atrofias deliberadas dos fatos principais do litígio. Sendo assim, será bastante que o juiz aluda, resumidamente, aos fatos alegados pelo autor e aos pedidos formulados, ao valor dado à causa, à resposta do réu (que poderá ser mais de uma), às provas produzidas, aos eventuais incidentes, às propostas de conciliação e às razões finais — sem ingressar no exame do conteúdo desses atos, pois essa investigação interna constituirá objeto da segunda parte da sentença, a fundamentação. Relatórios extensos, longe de realçarem os principais fatos da lide, só contribuem para ocultá-los dentre tantos outros, irrelevantes ou impertinentes.

Nas edições anteriores deste livro, manifestamos a nossa esperança de que o legislador viesse a dispensar o relatório como requisito essencial para a validade formal da sentença. Este nosso anseio foi atendido, ainda que em parte, pois o art. 852-I, *caput*, da CLT, acrescentado pela Lei n. 9.957, de 12-1-2000, dispensou, expressamente, o relatório, quando se trata de sentença proferida no procedimento sumariíssimo.

Por outro lado, embora os juízes costumem destacar, na sentença, as três partes essenciais (relatório, fundamentação e dispositivo), cuja praxe deve ser estimulada, pela sua utilidade prática e pelo seu critério didático, não há imposição legal quanto a isso. O que se requer é que essas partes se apresentem em uma ordem lógica, de tal modo que o relatório preceda à fundamentação, e, esta, ao dispositivo. Quebrar essa ordem será tumultuar a estrutura formal e lógica da sentença.

Nada impede, ainda, que o relatório (para cogitarmos, por enquanto, somente dele) esteja implícito na sentença, sem ser, portanto, identificado por um título específico; o que importa é que, lendo-se a sentença, saiba-se onde ele se encontra.

Alguns juízes, aliás, ainda não perceberam o vício tautológico a que costumam dar causa, quando, após destacarem o relatório e efetuá-lo, concluem-no, dizendo: "Este é o relatório. Passo a decidir". Ora, a frase "este é o relatório" só se justifica quando este não se encontra especificado no texto da sentença. Abandone-se, por isso, essa praxe viciosa, que vem do início dos tempos.

Até esta parte, estivemos com a atenção fixada nas sentenças de mérito. O que dissemos, com relação a elas, em tema de relatório, também se aplica às sentenças que ponham fim ao processo sem julgamento do mérito e aos acórdãos em geral. No tocante a estes, em se tratando de competência originária do tribunal (ação rescisória, mandado de segurança, ação coletiva, ação cautelar etc.), o relatório será semelhante ao de uma sentença, com a particularidade de que, em alguns casos, deverá aludir ao parecer exarado pelo Ministério Público. Sendo o relatório concernente a acórdão proferido em grau de recurso, conterá, também, os elementos exigidos pelo art. 458 do CPC e referirá o parecer do Ministério Público do Trabalho.

1.2. Fundamentação

Sentença (ou acórdão) sem fundamentação é ato de pura arbitrariedade judicial. Como alerta Franco Lancelloti, não é suficiente que o juiz faça justiça: é necessário que demonstre como fez justiça, para, dessa maneira, convencer a todos.

Dentre os elementos essenciais da sentença, a motivação é a única que possui assento constitucional. Estabelece, efetivamente, o inc. IX do art. 93 da Suprema Carta Política do país, a exigência de que sejam "fundamentadas todas as decisões, sob pena de nulidade". Até onde sabemos, a propósito, foi esta a primeira vez que o constituinte brasileiro se preocupou não apenas com um requisito de validade formal da sentença ou do acórdão, mas em cominar de nulo o ato decisório que não atenda a essa exigência.

A necessidade de fundamentação das sentenças estava expressa nas próprias Ordenações reinóis portuguesas, como revelam as Filipinas: "E para as partes saberem se lhes convém apelar ou agravar das sentenças definitivas, ou vir com embargos a elas, e os juízes da mor alçada entenderem melhor os fundamentos, por que os juízes inferiores se movem a condenar, ou absolver, mandamos que todos nossos desembargadores, e quaisquer outros julgadores, ora sejam letrados, ora não o sejam, declarem especificadamente em suas sentenças definitivas, assim na primeira instância, como no caso de apelação ou agravo, ou revista, as causas, em que se fundaram a condenar, ou absolver, ou a confirmar ou revogar" (Livro 3.º, Tít. LXVI, n. 7).

Já não vigora, felizmente, nos modernos sistemas processuais, o princípio do livre convencimento, que se difundiu à sombra do lema da liberdade, adotado pela Revolução Francesa, conforme o qual o juiz poderia decidir "segundo sua consciência e sua íntima convicção", cuja cláusula, em decorrência da ousada amplitude da discricionariedade que atribuía ao juiz, permitia, até mesmo, o julgamento contra a prova dos autos. Hoje, o magistrado tem ampla liberdade na formação do seu convencimento jurídico acerca dos fatos da causa, desde que o faça com base na prova existente nos autos. Este é o princípio a que a doutrina tem denominado de "persuasão racional", e que preferimos chamar de "livre convencimento motivado", pois nessa expressão se encontram aglutinadas as duas regras pelas quais o juiz deve orientar-se com vistas à sua convicção jurídica: liberdade + provas.

Embora o art. 371, do CPC de 2015, tenha eliminado o adjetivo *livremente*, que constava do art. 131, do CPC de 1973, o princípio do livre convencimento motivado subsiste no processo do trabalho, em decorrência da conjugação do art. 371, do CPC de 2015, com o art. 765, da CLT, que atribui ao juiz ampla liberdade na direção do processo.

Para usarmos uma alegoria de Couture, poderíamos dizer que, atualmente, a liberdade do juiz, no campo da formação de seu convencimento jurídico sobre os fatos narrados pelos litigantes, é comparável a de um prisioneiro: pode ir aonde quiser, contanto que seja no interior da cela. A cela, no caso, são as provas dos autos. Na fundamentação, o juiz apreciará e resolverá todas as matérias e questões, de fato e de direito, que digam respeito à causa, aí compreendidas as que tenham sido alegadas pelas partes e aquelas que possa conhecer por sua iniciativa.

Dessa forma, segundo uma ordem lógica, ele resolverá, por exemplo, questões pertinentes a preliminares (inexistência ou nulidade de citação, incompetência absoluta, inépcia da inicial, perempção, litispendência, coisa julgada, conexão, incapacidade de parte, defeito de representação, carência da ação, falta de caução etc.), caso, é elementar, não as tenha apreciado anteriormente. Os que atuam na Justiça do Trabalho sabem que os juízes, quase sempre, se reservam para examinar ditas preliminares na própria sentença de fundo, o que não deixa de configurar erro de procedimento, pois elas, em princípio, devem ser resolvidas antes dessa fase. Algumas dessas preliminares, *e. g.*, quando acolhidas no momento oportuno, impedem a citação (incompetência absoluta, inépcia da petição inicial, carência da ação etc.) ou a preparação da sentença de mérito (litispendência, coisa julgada, conexão, perempção etc.).

São frequentes as situações em que a parte alega mais de uma preliminar, hipótese em que o juiz deverá estabelecer uma ordem lógica de apreciação, sob pena de graves faltas contra a técnica. Se, digamos, o réu alega a incompetência do juízo e a inépcia da inicial, é evidente que o juízo deverá apreciar, por primeiro, a incompetência, até para poder dizer, depois, se for o caso, se a inicial é apta ou inepta. Seria desarrazoado supor que o juízo, sem decidir sobre a sua competência, pudesse apreciar a alegação de inépcia, fosse para acatá-la ou rejeitá-la.

Havendo, a um só tempo, arguição de suspeição do juiz e de incompetência relativa do juízo (embora essas matérias não constituam preliminar, mas espécie de resposta do réu), deverá ser examinada, primeiramente, a exceção de suspeição, uma vez que a existência de juiz imparcial figura como pressuposto de constituição válida da relação processual. Seria desassisado imaginar que um juiz, a quem se considera suspeito, devesse, antes, se pronunciar sobre a incompetência relativa, ou seja, sem que houvesse sido examinada a causa da suspeição.

É curioso observar, aliás, o fenômeno que ocorre com as matérias que constituem, tipicamente, objeto de preliminares, em primeiro grau (CPC, art. 337), quando são renovadas ou ventiladas em recurso. Tomemos como exemplo a alegação, feita pelo réu, na contestação, de ilegitimidade ativa do sindicato profissional para agir na qualidade de substituto processual. No plano de primeiro grau, essa matéria deve, efetivamente, ser suscitada como preliminar do mérito, conforme dispõe o art. 337, XI, do CPC (carência da ação). No recurso que o réu vier a interpor da sentença, que rechaçou a referida preliminar, esta não deverá ser tratada como tal e, sim, como mérito do recurso (logo, em sentido estrito), em contraposição ao mérito da causa (sentido amplo). Expliquemo-nos. Se a sentença repeliu a preliminar mencionada e acolheu o pedido do autor, condenado o réu a pagar-lhe, digamos, horas extras, e este recorre desses dois capítulos da sentença, aquela preliminar, no recurso, perde essa característica e se converte em *mérito estrito*, assim entendido o mérito do recurso, que não se confunde com o *mérito da causa*, ou da demanda, aqui representado pelas horas extras. Para que melhor sejam compreendidas as nossas razões, modifiquemos, em parte, a situação imaginada, e consideremos que a sentença rejeite não só a preliminar de carência da ação, como os próprios pedidos formulados pelo autor (mérito da demanda). Nesta hipótese, o réu, ainda que vencedor quanto ao mérito da causa (horas extras), terá, sem sombra de dúvida, interesse (tomado o vocábulo em seu significado rigorosamente processual) em recorrer, adesivamente, da sentença, para ver declarada a falta de legitimidade do sindicato para atuar como substituto processual. Neste caso, a propósito, o recurso do réu, conquanto adesivo, deverá ser apreciado em primeiro lugar, pois se o tribunal pronunciar a carência da ação, ficará prejudicado o exame do recurso do autor. Pois bem. O recurso adesivo do réu terá, aí, como único objeto (ou conteúdo), a alegação de carência da ação; logo, se fôssemos tratar essa matéria como preliminar, ficaríamos em dificuldade de justificar a existência de uma preliminar que não antecede a nenhuma outra matéria submetida pela parte a reexame pelo tribunal. Seria, afinal, uma preliminar do quê? Para o réu, como afirmamos, o único motivo que o levou a recorrer da sentença, que lhe foi favorável quanto ao mérito, repousa no interesse de ver declarada, pelo tribunal, a falta de legitimidade *ad causam* do autor. A obtenção de um provimento jurisdicional declaratório da carência da ação constitui, portanto, a única matéria contida no recurso do réu; sendo assim, ela traduz, na verdade, o que temos denominado de mérito estrito, ou de "mérito do recurso", que nada tem a ver como o mérito da causa, este, em regra, vinculado ao direito material, ao passo que aquele se liga, em princípio, ao direito processual.

Tentando resumir a nossa opinião acerca do tema, podemos dizer que, de modo geral, as preliminares previstas no art. 337 do CPC se transformam em mérito estrito ou "mérito do recurso" quando renovadas perante o tribunal ou aí suscitadas pela primeira vez, em grau de recurso. O mesmo afirmamos quanto às conhecidas alegações de "cerceamento de defesa", que tenham sido repelidas pela sentença. A nosso ver, devem ser tratadas como preliminares dos recursos, apenas, as arguições que se relacionem com os pressupostos de admissibilidade, sejam subjetivos ou objetivos, excluídas, quanto àqueles, as condições da ação, especialmente, a legitimidade *ad causam* e o interesse processual, que bem ficarão se apreciadas como mérito estrito. Destarte, devem ser tratadas: a) como preliminares, as assertivas de intempestividade, de deserção, de irrecorribilidade do ato etc., corresponde a afirmar, tudo aquilo que tiver como objeto a inadmissibilidade do recurso; b) como mérito estrito, ou mérito do recurso, as matérias descritas no art. 337 do CPC, sem prejuízo de outras, que se amoldem a essa regra; c) como mérito da causa, ou da demanda, as questões que se vinculem ao direito material, ou seja, à *res in iudicio deducta*.

Inexistindo preliminares a serem examinadas, ou tendo sido rejeitadas, incumbirá ao tribunal cuidar das prejudiciais de mérito, acaso levantadas. Dentre essas prejudiciais, a mais comum, no processo do trabalho, é a prescrição extintiva – embora a decadência também deva ser suscitada a este título (prejudicial de mérito).

Superadas as preliminares e as prejudiciais, só aí estará o órgão jurisdicional autorizado a ingressar no exame do mérito, oportunidade em que apreciará as matérias que configurem o fundo da demanda, quase sempre consubstanciado no direito material.

Na fundamentação, ao juiz incumbirá apreciar todas as questões que lhe foram submetidas pelas partes, assim como aquelas que possa conhecer *ex officio*. Não concordamos com a opinião doutrinal de que não há necessidade de serem examinadas *todas* as questões. Esse parecer, de que estamos a dissentir, talvez fosse sustentável na vigência do CPC de 1939, cujo art. 280, *caput*, se limitava a ressaltar que a sentença deveria conter "os fundamentos de fato e de direito" (inc. II). O art. 489 do Código atual, bem ao contrário, adverte que, na motivação, ao juiz caberá analisar, fundadamente, as questões de fato e de direito (inc. II). Analisar não significa ignorar, passar ao largo, senão que apreciar, formular juízo de valor. Com isso, estamos afirmando que o juiz não atenderá a essa exigência legal se fizer simples alusão às questões de fato e de direito, suscitadas pelos litigantes, sem, contudo, apreciá-las.

Se o órgão jurisdicional — se por inadvertência ou de maneira deliberada é algo que não vem ao caso investigar — saltar uma dessas questões, haverá omissão, que, por isso, ensejará o oferecimento de embargos declaratórios, a fim de que o juízo complemente (adequadamente) a entrega da prestação jurisdicional. Não estamos, com estas considerações, a insinuar que o juiz esteja obrigado a analisar, inclusive, as questões de nonada, ou seja, irrelevantes para a solução do litígio, ou que não têm pertinência com a lide. Mesmo assim, ele deve pronunciar essa irrelevância ou essa impertinência, sob pena de ser compelido a fazê-lo por força de embargos de declaração.

A Súmula n. 297, II, do TST exige que a matéria a ser ventilada em sede de recurso de revista seja prequestionada perante o juízo emissor do acórdão impugnado, sob pena de preclusão. Ao afirmar que esse prequestionamento deva ser empreendido por meio de embargos declaratórios, a Súmula, de um lado, rendeu homenagem no art. 1.022, II, do CPC, mas, de outro, deu causa a uma verdadeira enxurrada de embargos de declaração, muitos deles, opostos com intuito manifestamente procrastinatório. A Súmula n. 297, I e II, do TST, reproduz, em essência, a Súmula n. 356 do STF, que versa sobre recurso extraordinário.

Tem-se afirmado que a exigência de fundamentação das sentenças e dos acórdãos visa a permitir que a parte vencida possa conhecer as razões jurídicas pelas quais o juízo não acolheu as suas pretensões, e, com isso, recorrer ao tribunal, com objetivo de modificar o pronunciamento desfavorável. Não negamos que a motivação da sentença possa prender-se, em princípio, a essa finalidade, pois a parte, tendo ciência das razões de decidir, poderá argumentar, perante o tribunal, por exemplo, que a sentença apreciou equivocadamente os fatos, seja admitindo fatos inexistentes ou negando a existência de fatos demonstrados nos autos; valorou mal a prova; interpretou erroneamente as normas jurídicas incidentes etc. Se considerarmos, porém, a presença de sentenças irrecorríveis, em nosso meio (Lei n. 5.584/70, art. 2.º, § 4.º), veremos que o argumento exposto não é de todo perfeito, pois, neste caso, a impossibilidade legal de impugnação a essas sentenças poderia conduzir à conclusão de que não precisam ser fundamentadas.

Em rigor, atualmente, a exigência de serem motivados os pronunciamentos jurisdicionais (máxime, os dotados de aptidão para dar fim ao processo) deriva menos da necessidade de permitir-se que as partes possam impugnar as decisões, do que de um mandamento constitucional inflexível (CF art. 93, IX). Ou, quem sabe, deva ser dito que essa imposição constitucional se destina, justamente, a assegurar o direito dos litigantes, quanto a conhecerem as razões jurídicas pelas quais o juiz solucionou o conflito de interesses desfavoravelmente a um deles, ou mesmo a ambos.

Por uma razão ou por outra, o fato é que as sentenças e os acórdãos devem ser juridicamente fundamentados, sob pena de nulidade. Na raiz dessa exigência está a preocupação política de nosso constituinte, no sentido de evitar que os indivíduos e as coletividades devam submeter-se a provimentos jurisdicionais produzidos pela vontade ocasionalmente arbitrária dos magistrados. Se o Estado detém, por motivos historicamente justificáveis, o monopólio da jurisdição, impedindo, assim, a autotutela de direitos, é absolutamente indispensável que o juiz, ao compor a lide, apresente às partes as razões jurídicas que influíram na formação do seu convencimento acerca dos fatos da causa. Parece-nos apropriado concluir, portanto, que o Estado está obrigado a prestar a tutela jurisdicional não somente de maneira rápida, mas, também, e acima de tudo, fundamentada.

A obrigação de fundamentar a sentença estava, já, nas Ordenações reinóis portuguesas, como revelam as Filipinas (Livro 3.º, título LXVI, n. 7), que impunham ao juiz multa de vinte cruzados, caso descumprisse essa exigência. Dada a recalcitrância dos magistrados, no que tange ao acatamento dessa regra, a mencionada multa foi, mais tarde, elevada ao triplo, por Alvará de 16 de setembro de 1814. É bem verdade que essa Ordenação não declarava nula a sentença que deixasse de conter fundamentação, cujo fato era reconhecido pela doutrina do período. De qualquer forma, a obrigação de o juiz motivar as suas decisões, imposta pelas Ordenações, representou um redentor rompimento com o direito comum, então vigente, que não formulava nenhuma exigência nesse sentido.

A cláusula constitucional que impõe a fundamentação de todas as decisões judiciais não significa, necessariamente, que o juiz deva indicar as normas legais em que se baseou para formar a sua convicção e, sim, que o seu convencimento está de acordo com o direito vigente à época dos fatos. Os juízes, todavia, zelosos em seu ofício, costumam referir os textos legais em que se apoiaram para decidir, cuja praxe, por ser altamente salutar, deve ser estimulada. Uma ponderação, apenas: como a Justiça do Trabalho é, à evidência, especializada, pois só lhe compete dirimir lides envolvendo trabalhadores e empregadores (para nos ocuparmos com a regra geral), é natural que os juízes, assim como os advogados que nela militam, conheçam, até com certa profundidade, as normas materiais e processuais que devam ser manipuladas para efeito de solução dos conflitos. Sendo assim, ao se pronunciarem sobre matérias ou questões rotineiras, ou seja, sobre aquelas que estão, habitualmente, presentes nas petições iniciais e nas respostas dos réus, como salários, horas extras, aviso prévio, 13.º, férias, podem os juízes acolher ou rejeitar os pedidos que as tenham como objeto, sem indicação da norma legal incidente. Se, e. g., estiver provado nos autos que o empregado foi despedido sem justa causa legal, e havendo pedido de aviso prévio, nenhum problema haverá se o juiz acolhê-lo, sem fazer menção ao art. 487 da CLT conjugado com o art. 7.º, XXI, da CF. A indicação do dispositivo legal será recomendável, porém, quando a sua aplicação prática for escassa; sua vigência for muito recente; não pertencer ao direito material ou ao processual, ambos do trabalho (norma forânea); disser respeito a atividades ou profissões específicas etc.

A sentença e o acórdão, em suma, devem ser fundamentados, ainda que concisamente. Reconhecemos, no entanto, que, em muitas situações, os pronunciamentos jurisdicionais se situam em uma linha muito tênue, em uma zona cinzenta, que separa a fundamentação sucinta da falta de fundamentação. Aqui, não poderá haver meio-termo: ou se diz que há fundamentação, ou se reconhece que ela inexiste e, em consequência, dá-se ao julgado a sorte que merecer.

De resto, devemos advertir que pouco importam os motivos pelos quais o juiz tenha deixado de fundamentar a sentença: a ausência desse requisito essencial fará nulo o pronunciamento jurisdicional, objetivamente considerado, por ser produto da vontade arbitrária do julgador.

1.2.1. O § 1.º do art. 489, do CPC, e o processo do trabalho

Este parágrafo não considera fundamentada qualquer decisão judicial, seja interlocutória, sentença ou acórdão, que incidir em uma das disposições dos seus incisos I a VI. Estamos diante de uma das mais rigorosas exigências legais, de quantas possam ter sido formuladas até aqui, para satisfazer ao requisito constitucional (CF, art. 93, IX) da fundamentação dos pronunciamentos jurisdicionais decisórios. Que nos desculpe o legislador, mas o conjunto das disposições inseridas nos referidos incisos I a VI do § 1º beiram as raias do absurdo, se considerarmos o exagerado grau de esmiuçamento analítico-argumentativo aí imposto. Não se nega que o fundamento das decisões emitidas pelos órgãos do Poder Judiciário de nosso país constitui não apenas uma exigência constitucional, mas também um imperativo do Estado Democrático de Direito, em que se funda a nossa República. Exigir-se, contudo, que as decisões interlocutórias, as sentenças e os acórdãos se submetam aos rigores dos incisos I a VI do § 1º do art. 489 do CPC, não é atender ao mandamento constitucional, nem aos ditames de um Estado Democrático de Direito, senão que entravar ou inviabilizar a prática desses atos processuais, fazendo retardar, ainda mais, o curso do procedimento. Deixo a palavra com os estudiosos do processo civil.

O art. 93, inciso IX, da Constituição Federal, exigente de que as decisões judiciais (e, também, as administrativas) sejam fundamentadas, sob de nulidade, é autoaplicável (*selfexecuting*), não necessitando, por isso, ser "regulamentada" por norma infraconstitucional. Essa "regulamentação", ademais, pondo à frente o exacerbado rigor e formalismo com que foi elaborado constitui verdadeira camisa-de-força imposta aos magistrados. A propósito, desde o Regulamento Imperial n. 737, passando pelos Códigos de Processo Civil de 1939 e de 1973, sempre se exigiu que os pronunciamentos jurisdicionais de fundo (sentença e acórdão) fossem juridicamente fundamentados, sem necessidade de detalhar-se em que consistiria essa fundamentação, vale dizer, sem vincular-se o juiz a determinados requisitos formais. É oportuno lembrar que a Primeira Turma STF, no julgamento do AI n. 797.581/PB-AgR, sendo Relator o Ministro Ricardo Lewandowski, assentou: "*a exigência do art. 93, IX, da Constituição, não impõe que a decisão seja exaustivamente fundamentada. O que se busca é que o legislador informe de forma clara e concisa as razões do seu convencimento"*. O que o preceito constitucional sobredito exige, portanto, é que o magistrado indique as razões jurídicas que influenciaram na formação do seu convencimento acerca dos fatos e demais elementos dos autos, a fim de evitar que a sua decisão seja arbitrária. Nada mais do que isso. Sob essa perspectiva, o § 1º do art. 489, do CPC, não esconde a seu caráter surrealista.

Causa-no sobressalto, por isso, o enunciado n. 303, do IV Encontro do Fórum Permanente de Processualistas Civis, aprovado em Salvador (8 e 9.11.2013), segundo o qual *"As hipóteses descritas nos incisos do § 1º do art. 499 são exempllificativas"*! Na altura, o art. 499 do Projeto correspondia ao atual art. 489, da Lei n. 13.105/2015.

Se, na vigência do CPC de 1973, os embargos de declaração passaram a ser utilizados em larga escala, por certo, atingirão números astronômicos em decorrência das extremadas imposições do § 1º do art. 489 do CPC de 2015 para que a sentença seja considerada fundamentada. Assim afirmamos, porque um dos fundamentos legais para o oferecimento de embargos declaratórios por omissão reside no fato de a decisão incorrer *"em qualquer das condutas descritas no art. 489, § 1º"*, conforme estabelece o art. 1.022, parágrafo único, inciso II, do CPC.

Traduzindo a indignação da magistratura nacional diante dessa norma do CPC, a ANAMATRA, a AMB e a AJUFE formularam pedido de veto ao § 1º do art. 489 (e também aos arts. 12, 153 e 942), cujo pedido, infelizmente, não foi acatado.

No que diz respeito ao processo do trabalho, sentimo-nos à vontade para afirmar, com serenidade, que o § 1º do art. 489 do CPC é inaplicável a este processo, porquanto a CLT não é omissa sobre o tema (art. 769). Com efeito, dispõe o art. 832, *caput*, da CLT que a decisão deverá conter, além do nome das partes: a) o resumo do pedido e da defesa (relatório); b) os fundamentos da decisão (fundamentação); e c) a respetiva conclusão (dispositivo). Ainda que se admitisse, apenas para efeito de argumentação em tese, que a CLT fosse omissa quanto ao assunto, nem por isso seria compatível com o processo do trabalho (CLT, art. 769) a regra do § 1º do art. 489 do CPC. Se assim não se entender, estar-se-á reduzindo, de maneira considerável, a quantidade de decisões interlocutórias, de sentenças e de acórdãos emitidos pelos órgãos da Justiça do Trabalho, em detrimento, por certo, daqueles que invocaram a prestação jurisdicional desse operoso segmento do Judiciário brasileiro. Nem devemos ignorar o fato relevante de, no âmbito da Justiça Comum, serem poucos os julgamentos realizados por semana ou por mês e, além disso, as iniciais conterem dois ou três pedidos, ao passo que na Justiça do Trabalho há dezenas de julgamentos por semana ou por mês e as iniciais soem trazer dezenas de postulações, que se refletem na extensão das correspondentes defesas. A realidade do processo do trabalho, portanto, não é idêntica a do processo civil, de tal arte que soa absurdo, a insensatez, a aplicação àquele processo de norma que foi elaborada, exclusivamente, em atenção a este. É algo como vestir roupa que havia sido feita para outro corpo.

Nestes mais de setenta anos de vigência da CLT, não nos consta que as sentenças e os acórdãos emitidos pela Justiça do Trabalho, em termos gerais, tenham sido sem fundamentação jurídica, ou dotados de fundamentação precária. Casos isolados não contam. A razão pela qual se exige a fundamentação das sentenças e dos acórdãos é fazer com que a decisão reflita a preeminência da ordem jurídica, e não a vontade arbitrária do magistrado. Isso é o quanto basta para satisfazer às exigências e às necessidades de um Estado de Direito. O que o § 1º do art. 489 do CPC está a impor ao magistrado — ao menos, aos olhos do processo do trabalho — não é uma fundamentação plena, e sim, a elaboração de um tratado multidisciplinar de filosofia, lógica e metafísica.

Nem ignoremos particularidade de, no procedimento sumariíssimo, o legislador haver permitido ao juiz do trabalho adotar, em cada caso concreto, *"a decisão que reputar mais justa e equânime, atendendo aos fins sociais da lei e às exigências do bem comum"* (CLT, art. 852-I).

Estamos cientes de que haverá intensas discussões, nos planos doutrinário e jurisprudencial, sobre a incidência, ou não, no processo do trabalho, do § 1º do art. 489 do CPC. Por esse motivo, depositamos aqui, desde logo, o nosso contributo sobre o tema, tangidos pela esperança de que prevaleça a corrente de opinião desfavorável a essa incidência, a fim de que o processo do trabalho possa atender aos fins para os quais foi instituído sem menosprezo aos imperativos de celeridade e de efetividade na prestação jurisdicional.

A aceitação do § 1º do art. 489, do CPC, implicará duro golpe naquilo que o processo do trabalho tem, verdadeiramente, de seu, no seu núcleo vital, por assim dizer. Não podemos ficar indiferentes — e, quanto menos, capitularmos — em momentos como este. Despertar é preciso. Resistir é preciso.

Por alguma razão, nos vem à lembrança o exortatório monólogo do teatrólogo Plínio Marcos, em "Canções e reflexões de um palhaço": *"Por mais que as cruentas e inglórias batalhas do cotidiano tornem o homem duro ou cínico o suficiente para ele permanecer indiferente às desgraças ou alegrias coletivas, sempre haverá no seu coração, por minúsculo que seja, um recanto suave onde guarda ecos dos sons de algum momento de amor que viveu em sua vida. Bendito seja quem souber dirigir-se a esse homem que se deixou endurecer, de forma a atingi-lo no pequeno núcleo macio de sua sensibilidade e por aí despertá-lo, tirá-lo da apatia, essa grotesca forma de autodestruição a que, por desencanto ou medo, se sujeita, e inquietá-lo e comovê-lo para as lutas comuns de libertação".*

1.3. Dispositivo

A terceira e última parte da estrutura da sentença é o dispositivo (ou *decisum*), no qual, segundo o inc. III do art. 489 do CPC, "o juiz resolverá as questões principais que as partes lhe submeterem".

Essa dicção legal, contudo, como já denunciamos, é duplamente imperfeita: primeiro, porque no dispositivo o juiz não *resolve* nenhuma questão, se não que proclama o resultado da apreciação dessas questões, realizada na fundamentação; segundo, não são apenas as questões (principais) propostas pelas partes, mas aquelas que o juiz deve conhecer *ex officio*.

Ao declarar que a sentença acolherá, no todo ou em parte, os pedidos formulados pelo autor, o art. 490, do CPC está levando em conta dois fatos: a) que a sentença haja ingressado no exame do mérito; b) que esse acolhimento ou essa rejeição sejam pronunciados, conclusivamente, no dispositivo. Isso conduz à ilação lógica de que: 1) se a sentença não apreciou o mérito, nenhum pedido haverá para ser acolhido ou rejeitado; 2) o dispositivo declarará a extinção do processo, sem julgamento da *res in iudicio deducta*, sendo o autor condenado ao pagamento das custas, se for o caso.

A importância do dispositivo da sentença ou do acórdão está em que, por meio dele, dirá o juiz se condena o réu ou se o absolve (*vel condemnatione vel absolutione contingit*, conforme o Digesto). Demais, dentre as partes da sentença, o dispositivo é o único, em princípio, que se submete aos efeitos da coisa julgada material. Declara, realmente, o art. 504 do CPC que não fazem coisa julgada: a) a motivação, ainda que importante para determinar o alcance da parte dispositiva da sentença (I); b) a verdade dos fatos, estabelecida como fundamento da sentença (II).

A particularidade de passar em julgado, unicamente, o dispositivo faz com que, na prática, o autor possa voltar a juízo com um pedido que, conquanto houvesse sido formulado em ação anterior, não integrou a parte conclusiva da sentença, que resolveu aquela lide.

O dispositivo deve ser uma consequência lógica do que se apreciou na fundamentação, uma conclusão congruente, enfim, com os argumentos lá expendidos pelo juiz. Se este diz, na motivação, que ficou provada a falta grave irrogada ao autor, mas, no dispositivo, condena o réu a pagar-lhe aviso prévio, é evidente que há, nisso, uma incoerência, uma contradição intransponível, que ensejará o uso de embargos declaratórios.

Como asseveramos há pouco, é no dispositivo da sentença ou do acórdão que o juiz proclamará o resultado do julgamento, acolhendo ou rejeitando os pedidos do autor, ou declarando extinto o processo sem julgamento do mérito, conforme for a hipótese. Construções como "julgar procedente (ou improcedente) a ação", "julgar procedentes os pedidos", embora estejam no gosto de muitos magistrados, devem ser evitadas, por traduzirem falta contra a técnica, a lógica e os princípios, mormente a primeira. Se o órgão jurisdicional chegou a examinar o mérito, não pode dizer que a ação, como direito público subjetivo, foi "improcedente". Os pedidos, mesmo que rejeitados, não deixam de ser "procedentes", pois têm uma origem, procedem de algum lugar.

No Capítulo XII, desta Segunda Parte, iremos nos dedicar à técnica de elaboração da sentença e do acórdão, oportunidade em que retornaremos ao assunto, para investigá-lo com a minúcia e a profundidade que foram, por ora, dispensadas.

A despeito de nem o art. 832 da CLT nem o art. 489 do CPC exigirem que a sentença seja datada e assinada pelo juiz, essa imposição está no art. 851, § 2.º, da CLT e consta, com maior clareza, do art. 205, *caput*, do estatuto processual civil, de acordo com o qual "os despachos, as decisões, as sentenças e os acórdãos serão redigidos, datados e assinados pelos juízes".

Sentença sem assinatura do juiz é ato inexistente; é o não-ato jurisdicional.

2. Requisitos de dicção

Além dos requisitos estruturais, já apreciados, a sentença deve ser: 2.1.) clara; 2.2.) certa; 2.3.) exaustiva; e 2.4.) adequada. Estes são, por assim dizer, os requisitos internos, ou de dicção, como preferimos chamá-los.

2.1. Clareza

A sentença, designadamente a de mérito, constitui o mais importante pronunciamento da jurisdição, o acontecimento máximo do processo. Ninguém ignora a ansiedade que, não raro, toma de assalto o espírito dos litigantes, enquanto aguardam a emissão da sentença. É compreensível que assim seja, porquanto, após se esgrimirem nos autos durante meses ou anos, até a exaustão, nada mais lhes resta senão esperar que o Estado diga, por meio da sentença, com quem está a razão jurídica. Daí a expectativa intensa que antecede a entrega da prestação jurisdicional. Tal expectativa ainda mais se justifica se levarmos em conta que, muitas vezes, essa dicção jurisdicional não apenas assegura a um dos litigantes um bem ou uma utilidade da vida, como é capaz de provocar alterações profundas no seu círculo jurídico, na sua esfera patrimonial, de modo a transformá-lo de pobre em rico, ou vice-versa.

Deflui daí, a necessidade de a sentença ser redigida com clareza, de maneira que possa ser entendida não apenas pelas partes, mas por quem quer que a leia. Ou, quando menos, por qualquer indivíduo de cultura mediana. O mínimo que se exige é que a pessoa possa saber, sem exercícios de adivinhação ou de interpretação, o que consta do texto. Para isso, deverá o juiz, sem prejuízo da terminologia jurídica, evitar o uso de vocábulos de sentido ambíguo ou pouco conhecidos. Os neologismos, como os arcaísmos, são faces de uma só moeda: a moeda da inconveniência. Chega a ser estremecedora, aliás, a possibilidade de ocorrer, com a sentença, o que amiúde se passa com o discurso político: o emprego de palavras pomposas para ocultar a falta ou a escassez de pensamento. É muito sábio, por isso, o ditado popular, segundo o qual, "vagem com muita folha é sinal de pouco feijão".

São lamentáveis as sentenças elaboradas em estilos rebuscados, gongóricos, exóticos até, pois só fazem dificultar a intelecção do que o órgão jurisdicional está pretendendo dizer. A linguagem jurisdicional deve ser clara, leve, fluida, inteligível, como qualquer outra. Pensamos, mesmo, que alguns juízes (juntamente com alguns advogados) deveriam ser convidados a ler Machado de Assis, para deixarem arejar o estilo. Frases curtas e construídas com simplicidade caem bem em qualquer lugar. Pode-se dizer, com simplicidade, as coisas mais complexas e intricadas; saber manifestar as ideias de maneira clara é, sem dúvida, uma virtude — que poucos possuem, infelizmente. A verborragia (seja fútil, ou não) e o cataglotismo são vícios de linguagem a serem combatidos; eventual aliança entre eles — valha-nos, Machado! — produz efeitos verdadeiramente catastróficos, no plano da compreensão das ideias.

Não confundamos simplicidade com simploriedade. Um sábio pode ser simples, do mesmo modo como um simplório pode ser complexo, no tocante à expressão do pensamento.

A leveza do estilo, contudo, não significa o abandono da terminologia jurídica. Um termo jurídico, quando bem inserido na frase, demonstra, quase sempre, conhecimento científico, erudição e domínio da técnica. Uma sucessão de termos jurídicos, todavia, pode significar, mais do que vaidade, afetação e ausência de originalidade, um subterfúgio para disfarçar a falta de consistência persuasiva da argumentação.

Sentenças extremamente longas são, também, desaconselháveis. A excelência do argumento ou a razão jurídica não se medem pela quantidade de linhas ou de palavras. A sentença não é lugar apropriado para tratados. Preocupem-se os juízes não em demonstrar cultura e, sim, em solucionar, com objetividade e fundamentação concisa, os conflitos de interesses e estarão correspondendo às elevadas funções institucionais que lhes foram cometidas. Citações filosóficas ou literárias podem adornar o estilo, mas não conferem persuasão ao argumento. Sentença não é peça literária, mas instrumento da manifestação jurisdicional; logo, devem ser postos de parte os floreios próprios daquela, em nome do sentido pragmático, de que este é provido.

De uns tempos até esta parte, convém observar, certos juízes e advogados vêm dedicando intenso culto aos neologismos, nos textos que produzem, seja inventando vocábulos ou adotando os inventados. Palavras não dicionarizadas não possuem significado exato e, por isso, tendem a sugerir mais de um sentido, cuja consequência é a ambiguidade do enunciado das ideias e dos conceitos. Não será exagerado afirmar que a linguagem forense vem sendo vítima de uma verdadeira infestação de vocábulos produzidos por uma inventiva que é filha da negligência linguística, da falta de hábito de consulta aos bons léxicos. Dentre esses termos, que compreendem substantivos, adjetivos, advérbios e tudo o mais, podem ser mencionados os seguintes: "improver" (= negar provimento); "indenitário" (= indenizatório);

"inobstante" (= nada obstante); "inexitoso" (= sem êxito); "exitoso"(= com êxito); "indeferitório" (= que indefere); "impresente" (= ausente); "impago" (= não pago); "reclamatória" (= reclamação); "plúrima" (= plural, com vários autores ou vários réus); "celetário" (= referente à CLT); "indemonstrar" (= não demonstrar); "imerecer" (= não merecer); "imodificar" (= não modificar); "relatoria" (= o ato de relatar); "massivo" (= em massa); "imprejudicado" (= não prejudicado); "fático" (= relativo a fatos); "desfundamentado" (= sem fundamento); "firmatário" (= aquele que firmou um documento ou uma petição). O elenco, enfim, dessas "preciosidades" extraídas dos escritos forenses é muito mais vasto do que possam fazer supor os exemplos citados. Quando dizemos que esses termos não se encontram dicionarizados, estamos a referir-nos, evidentemente, aos bons léxicos, assim entendidos aqueles cujos autores têm o escrúpulo de não incluir, de maneira indiscriminada, o que está na linguagem vulgar, aí compreendidos os vocábulos chulos, as gírias e os neologismos arbitrários.

2.2. Certeza

Quando se afirma que a sentença deve ser certa, tem-se os olhos postos no art. 492, parágrafo único, do CPC, conforme o qual a certeza constitui elemento essencial (do ponto de vista interno, ou intrínseco) dos pronunciamentos da jurisdição, ainda quando resolvam relação jurídica condicional. *Condição*, do ponto de vista jurídico, é a cláusula que, oriunda exclusivamente da vontade das partes, "subordina o efeito do negócio jurídico a evento futuro ou incerto" (CC, art. 121).

O próprio pedido deve ser certo (CPC, art. 322), além de determinado (*ibidem*, art. 324). A *certeza* diz respeito à *existência*; a *determinação*, ao *objeto*.

Essa exigência de certeza vem do Direito Romano, tendo penetrado as Ordenações reinóis portuguesas e, de lá, sido transportada para os nossos textos legais.

Sendo a sentença o instrumento pelo qual o Estado soluciona os conflitos de interesses ocorrentes entre os indivíduos ou as coletividades, é imprescindível que ela transmita às partes uma certeza quanto ao seu conteúdo, vale dizer, quanto a estar condenando o réu ou absolvendo-o, e os motivos pelos quais assim o faz. Em nosso sistema, pois, a sentença deve ser sempre certa, mesmo quando tenha como objeto uma relação jurídica sujeita à condição. Condicional, portanto, pode ser a relação jurídica posta em juízo e não a sentença. Deste modo, traduzem espécie de sentença "condicional" (logo, vedadas, pelo art. 492, parágrafo único, do CPC) àquelas que se expressam por fórmulas verbais, como: "condena-se o réu a pagar ao autor diferenças salariais, caso sejam comprovadas na fase de execução". Ora, ou tais diferenças existem, porque demonstradas pela parte a quem essa prova interessava, e, neste caso, a sentença deve ser certa, no que respeita à condenação do réu a pagá-las, ou ditas diferenças inexistem, porque há prova nos autos quanto a isso, e, nessa hipótese, a sentença deve ser certa a respeito da rejeição do pedido formulado pelo autor. O processo de conhecimento foi instituído, teleologicamente, para que o juiz se convença, por meio das provas formadas nos autos, acerca dos fatos alegados pelas partes. Por isso, sentenças que diferem para a execução, a comprovação de fatos constitutivos do direito são tumultuárias, subversivas do procedimento, porque transformam, arbitrariamente, o processo de execução em cognitivo.

É oportuno lembrar, a propósito, que a *certeza* constitui um traço característico do processo de conhecimento, ao contrário, pois, da *probabilidade*, que caracteriza o juízo cautelar. Justamente porque a *certeza* figura como elemento essencial ao processo cognitivo é que a instrução, que aqui se realiza, pode e deve ser aprofundada, exigindo, assim, uma cognição exauriente dos fatos da causa; já, a instrução no processo cautelar funda-se em um juízo de mera probabilidade, motivo pelo qual a instrução é, apenas, superficial.

A prática tem revelado, vez e outra, a presença de sentenças que condenaram o réu a pagar determinadas quantias ao autor, "conforme forem apuradas em regular execução" — sendo que, na execução, acaba ficando cabalmente demonstrado (muitas vezes, mediante exame pericial) a inexistência de qualquer diferença! Sentenças como tais são, *data venia*, teratológicas, pois produzem uma condenação que não pode ser objeto de execução, pelo simples motivo de que nada há para ser executado. São sentenças que se precipitam no vazio, são "sinos sem badalos", são, acima de tudo, motivo de desprestígio dos pronunciamentos jurisdicionais e de aflição dos magistrados que, diante delas, não sabem o que fazer com o produto da criação. Assim como na mitologia, também no processo a criatura pode voltar-se contra o criador.

Deve o juiz, por isso, ter o máximo cuidado em não atropelar o processo de conhecimento, em nome da celeridade na entrega da prestação jurisdicional, mediante o sacrifício de uma atividade probatória indispensável para a formação do seu convencimento jurídico, sob pena de, na execução, descobrir que o autor não possuía o direito reconhecido pela sentença condenatória, nada havendo, assim, para ser executado. Seria irônico se não fosse trágico, como diria o poeta, caso não estivéssemos diante de uma situação em que a sentença condenatória transitada em julgada é, lógica e juridicamente, inexequível — em que a coisa julgada material, enfim, é algo que, para o autor, soa a escárnio ou a farsada.

O mínimo que se pode esperar de uma sentença é que a parte, ao lê-la, possa ficar sabendo, com certeza, o que dela consta, ou seja, se foi vencedora ou vencida, na causa. Sentenças "condicionais" são aberrantes do sistema processual vigorante em nosso meio, pelo qual foram anatematizadas em virtude da necessidade de prevalência da certeza sobre a aleatoriedade, como regra fundamental para a eficácia e a respeitabilidade dessa espécie de pronunciamento da jurisdição.

Além de certa (e, evidentemente, fundamentada), a sentença deve ser precisa, ou seja, não pode exceder aos limites dos pedidos feitos pelos litigantes. A regra vem do Direito Romano (*sententia debet esse conformis libello*) e se encontra inscrita no art. 141 do CPC: "O juiz decidirá o mérito nos limites propostos pelas partes, sendo-lhe vedado conhecer de questões não suscitadas a cujo respeito a lei exige a iniciativa da parte". Complementa-a, o art. 492, do mesmo Código, ao proibir o juiz de proferir sentença, a favor do autor, de natureza diversa da pedida, bem como condenar o réu em quantidade superior ou em objeto diverso do que lhe foi demandado. Conjugando essas duas normas legais, podemos enunciar o princípio de que os limites da lide são estabelecidos pelas partes, sendo, por esse motivo, defeso ao juiz — exceto nos casos legalmente previstos — desrespeitá-los.

Esse "ir além dos limites" configurará os julgamentos *ultra petita* e *extra petita*. No primeiro caso, o juiz concede *mais* do que havia sido postulado; no segundo, defere aquilo que nem sequer havia sido pleiteado, ou seja, que estava *fora* do pedido. Por outras palavras, lá, o magistrado distende o pedido; aqui, se pronuncia sobre pedido inexistente. Em ambas as situações, todavia, o excesso deverá ser cortado, seja por meio de recurso ou de ação rescisória (esta, calcada no art. 966, V, do CPC, por ofensa aos arts. 141 e 492 do mesmo digesto processual).

Dissemos, há pouco, que o próprio pedido deve ser certo (CPC art. 322); mas, também, determinado (CPC, art. 324). O Código, todavia, permite a formulação de pedido genérico, inclusive na reconvenção: I — nas ações universais, se o autor não puder individuar os bens demandados; II — quando não for possível determinar, desde logo, as consequências do ato ou do fato; III — quando a determinação do objeto ou do valor da condenação depender de ato que deva ser praticado pelo réu (art. 324, § 1.º).

Esse sentido genérico da postulação está ligado não à existência desta (*an debeatur*) e, sim, ao seu aspecto quantitativo (*quantum debeatur*). Ao adjetivo *certo*, utilizado na redação da norma legal sob comentário, não pode ser contraposto o *incerto* (em substituição ao genérico), sob pena de imaginarmos que o legislador teria autorizado a formulação de pedido sobre os quais não haja nenhuma certeza acerca daquilo em que consistem (incerteza). No processo do trabalho são escassos os pedidos genéricos, até porque as quantias devidas aos trabalhadores possuem critérios de cálculos definidos em lei (salários, aviso prévio, férias, indenizações etc.), para cogitarmos do inc. III do art. 324, do CPC, prescindindo, assim, da apuração por perdas e danos.

Como registro histórico, deve ser destacada a Emenda n. 291, oferecida pelo Deputado Freitas Nobre ao Projeto do Código de Processo Civil de 1973, quando tramitava pela Câmara Federal, a ser feita no art. 463, assim redigida: "*A sentença condenatória conterá obrigatoriamente o valor da condenação, respondendo o juiz pelas custas da liquidação em caso contrário*" (sublinhamos). Essa Emenda não foi aprovada, provavelmente, em virtude de dois fatos expressivos: a) a extrema dificuldade que teriam os juízes em atender à imposição legal; b) a possibilidade de ser formulado pedido genérico.

No plano ideal, é desejável que o processo do trabalho, de *lege ferenda*, exija a formulação de pedidos líquidos, sempre que possível, como pressuposto de outra exigência: a de que as sentenças também se apresentem de forma líquida, com o que se poderá, senão abolir a fase de liquidação, reduzi-la a uma simples atualização dos valores e à incidência da taxa de juros da mora.

No procedimento sumariíssimo, aliás, além de o pedido dever apresentar-se certo determinado, o autor deve indicar o "valor correspondente" (CLT, art. 852-B, I). O art. 852-I, § 2.º, por sua vez, determinava: "Não se admitirá sentença condenatória por quantia ilíquida". Este dispositivo, contudo, foi vetado pelo Sr. Presidente da República, ao argumento de que essa exigência poderia, "na prática, atrasar a prolação das sentenças, já que se impõe ao juiz a obrigação de elaborar cálculos, o que nem sempre é simples de se realizar em audiência".

2.3. Exaustividade

Conforme dissemos, em páginas pretéritas, por força do disposto no art. 489, III, do CPC, o juiz deverá apreciar todas as questões, de fato e de direito, que lhe foram submetidas à cognição, pelos litigantes. Por esse motivo, a exaustão cognitiva dessas questões constitui um requisito interno da sentença ou do acórdão. Sem essa exaustão, aliás, a entrega da prestação jurisdicional não estará completa, ferindo, assim, de certa forma, a regra contida no art. 5º, XXXV, da Constituição Federal. O § 1.º, IV, do art. 489, do CPC, chega a considerar não fundamentada a sentença que não enfrentar todos os *argumentos* apresentados pelas partes, "capazes de, em tese, infirmar a conclusão adotada pelo julgador". *Questões* e *argumentos*, em rigor, não são a mesma coisa. *Questões* são temas ou teses suscitadas pelos litigantes; *argumentos* são raciocínios destinados a influir na formação do convencimento jurídico do magistrado. Embora, em alguns casos, o argumento se apresente vinculado a um tema ou a uma tese, há situações em que um se apresenta sem o outro. Concordamos com a exigência de que o juiz aprecie todas as *questões* que lhe foram submetidas, mas não todos os *argumentos*.

O direito subjetivo público de ação, assegurado por essa norma constitucional, não se resume à faculdade de o indivíduo provocar o exercício da função jurisdicional do Estado, tendente a obter a reparação de um direito lesado, ou a evitar que a lesão se consuma, compreendendo, também, o direito de ver examinadas todas as alegações de fato e de direito invocadas como fundamento da ação, sejam essas alegações controversas, ou não. Omisso o pronunciamento da jurisdição quanto a determinado aspecto da lide, caberá ao interessado fazer uso dos embargos declaratórios para que a omissão seja suprida. A circunstância de a parte ter sido vencedora na causa não lhe subtrai o interesse de obter uma dicção do órgão jurisdicional acerca do ponto omisso.

Tratando-se, contudo, dos denominados "pedidos implícitos", como, por exemplo, os pertinentes à correção monetária e aos juros da mora, a sentença poderá conter, pelo mesmo motivo, "condenação implícita" (que não se confunde com a condicional). Sendo assim, se o provimento jurisdicional nada dispuser quanto à correção monetária e aos juros moratórios, não haverá, nisso, omissão, capaz de ensejar o oferecimento de embargos declaratórios, mas condenação subentendida. O que se poderia exigir, por meio desses embargos, é que o juízo esclarecesse quais os critérios a serem observados para efeito de cálculo ou de incidência das mencionadas parcelas.

No processo do trabalho, como as iniciais, regra geral, contêm expressiva quantidade de pedidos e estes, muitas vezes, são formulados com mais de um fundamento, deve o juízo munir-se de cuidados redobrados, ao proferir a sentença, sob pena de render ensejo à apresentação de embargos declaratórios destinados ao suprimento do ponto sobre o qual saltou, inadvertidamente. Aqui está mais uma razão para que as sentenças e os acórdãos sejam objetivos, o quanto possível, pois a realidade prática tem revelado inúmeras situações em que o pronunciamento jurisdicional, sobre ser demasiadamente longo, acaba por perder-se em decorrência de digressões desnecessárias, fazendo com que fiquem sem exame uma ou mais questões suscitadas pelas partes. De nada vale falar, em demasia, sobre determinados pontos da controvérsia e omitir-se no tocante a outros. Melhor será, pois, que fale, de modo conciso e fundamentado, sobre todos esses pontos. *Concisão*, entretanto, não é sinônimo de *omissão*. Idealmente, a sentença, no processo do trabalho, deveria traduzir um máximo de prestação jurisdicional com um mínimo de palavras.

2.4. Adequação

Tirante uns poucos casos excepcionais, de resto incumbe às partes fixar o objeto e os limites da lide. A sentença, como resposta jurisdicional às pretensões por elas formuladas, deve, por isso, ater-se à *res in iudicio deducta*. Essa regra da adequação aos pedidos está enunciada nos arts. 141 e 492 do CPC e deriva, historicamente, da conjugação de três princípios romanos, altamente difundidos entre nós: a) *ne eat iudex ultra petita partium*; b) *ne eat iudex extra petita partium*; c) *ne eat iudex citra petita partium*.

Pelo primeiro, diz-se que o juiz não pode conceder mais do que foi pedido, embora possa, com base nas provas dos autos e no direito aplicável, deferir menos do que a parte pretendia, fato, aliás, muito frequente no processo do trabalho.

A regra sob comentário, entretanto, deve ser convenientemente entendida. Se o autor, contratado na vigência da atual Constituição da República, pedir a condenação do réu ao pagamento de horas, com o acréscimo, digamos, de 25%, não incidirá em julgamento *ultra petita* a sentença que conceder essas horas com o adicional de 50%, que é o mínimo, previsto no art. 7.º, XVI, da Constituição Federal. O mesmo não se dá, por exemplo, quando o autor postula, na inicial, horas extras, "observada a prescrição bienal". Neste caso, se o réu for revel, o juízo não poderá conceder horas extras alusivas aos dez anos em que teria vigorado o contrato de trabalho, porquanto o próprio autor delimitou a sua pretensão, no particular, por dois anos.

Poderíamos, até mesmo construir a seguinte regra acerca do tema de que estamos a cuidar: não haverá julgamento *ultra petita* quando o juiz aplicar ao caso concreto a norma legal pertinente, que conceda ao autor mais do que esteja pedindo, notadamente se essa norma for de ordem pública, ou, de qualquer modo, respeitar a direito irrenunciável.

O segundo princípio em estudo significa que o juiz não pode conceder aquilo que não havia sido pedido.

Se o trabalhador alega que o seu contrato foi rompido pelo réu, sem justa causa, e, em razão disto, pede aviso prévio e férias proporcionais, será *extra petita* a sentença se conceder, além das referidas parcelas, o 13.º salário proporcional. Ainda que o trabalhador fizesse jus a este, não formulou o correspondente pedido, na inicial. Isso não quer dizer que ele esteja renunciando ao 13.º salário, porquanto poderá convertê-lo em objeto de outra ação, perante o mesmo réu. É oportuno lembrar que o juiz deve decidir a lide nos limites em que foi proposta (CPC, art. 141), até porque a petição inicial representa, como se diz, um "projeto" da sentença que se pretende obter.

Mesmo que o réu venha a contestar o que não foi pleiteado (fenômeno que, hoje, pode ser atribuído ao fato de, muitas vezes, as contestações serem padronizadas e, em função disso, utilizadas na generalidade das situações), haverá pronunciamento *extra petita*, pois, para esse efeito, a definição dos limites horizontais da entrega da prestação jurisdicional é estabelecida pela petição inicial.

Em outras hipóteses, o julgamento fora do pedido será, apenas, imaginário, como quando o autor, tendo estabilidade (definitiva) no emprego e sido despedido sem justa causa, pretender indenização e a sentença conceder-lhe a reintegração. Aqui, o direito material do trabalhador não é o de receber a desejada indenização, mas o de ser reintegrado no emprego (CLT, art. 495). Desse modo, o pronunciamento jurisdicional não é, em rigor, *extra petita*, porquanto estará procedendo à necessária adaptação dos fatos ao direito correspondente: "*Da mihi factum, dabo tibi ius*" – proclama o vetusto aforismo latino. Por outros termos, o juiz estará adequando o pedido à norma legal e, em seguida, apreciando-o segundo tenha sido o resultado dessa adaptação. Curiosamente, todavia, poderá o juiz, no exemplo em foco, converter a reintegração em indenização, se entender desaconselhável aquela (CLT, art. 496). Essa conversão é faculdade do juízo que, desse modo, poderá acabar deferindo a indenização, não porque o autor a tenha pleiteado, mas em virtude de ser desaconselhável a reintegração que seria, em outras circunstâncias, a consequência natural do reconhecimento da lesão do direito à estabilidade.

Se o autor pedir, exclusivamente, adicional de insalubridade e a sentença conceder-lhe adicional de periculosidade, com base em laudo pericial, haverá pronunciamento *extra petita*. O fato de o laudo haver-se desviado (arbitrariamente, por certo) do objeto da perícia e da própria demanda não legitimada a emissão de sentença fora do que havia sido postulado; ao contrário, compromete-a, com gravidade, perante o art. 141 do CPC.

Consoante o terceiro princípio, o juiz não deve conceder menos do que a parte tem direito (*citra* ou *infra petita*), seja do ponto de vista quantitativo ou qualitativo.

Esse princípio deve ser interpretado, até as últimas consequências, na esfera peculiar do processo do trabalho. Se, para repetirmos o exemplo, o autor foi contratado na vigência da atual Constituição da República e pede horas extras, mas, por inadvertência ou ignorância, indica como sendo de 25% o percentual devido, poderá e deverá o órgão jurisdicional, provada a existência dessas horas, concedê-las com o percentual de 50%, que é o mínimo previsto pela Constituição Federal (art. 7.º, XVI). Seria insensato supor que essa falha processual do trabalhador se revestisse de eficácia bastante para derrogar aquela norma constitucional. Nem poderia o réu alegar, na espécie, contra a sentença, qualquer espécie de prejuízo no que concerne ao aludido adicional, vez que este decorre de lei. De lei suprema, diga-se.

Note-se, que o julgamento *infra petita* se caracteriza não pelo fato de a sentença conceder menos do que havia sido pedido, mas, sim, menos do que tinha direito a parte. Não raro, o pronunciamento jurisdicional defere, realmente, menos do que pedia o autor, em decorrência, p. ex., da prova produzida nos autos: pediu cinco horas extras diárias e a prova foi no sentido da existência de, apenas, uma hora extra por dia. Aqui não há julgamento *infra petita*.

Quando a sentença dá ao autor (ou ao réu, em certas situações) menos do que lhe assegura o direito, portanto, estaremos, teoricamente, em face de um julgamento *infra petita*, sob o ângulo quantitativo. Será, contudo, *infra petita*, do ponto de vista qualitativo, a decisão que não apreciar todo o conteúdo da demanda. Essa afirmação coloca-nos, uma vez mais, diante do art. 489, III, do CPC, que impõe ao juiz o dever de apreciar "as questões (ou seja, todas) principais que as partes lhe submeterem". Compor a lide, portanto, de maneira qualitativamente inferior à proposta, será, sem dúvida, no que respeita ao ponto omisso, denegar a entrega da prestação jurisdicional invocada.

O que escrevemos sobre os requisitos (essenciais) internos da sentença é aplicável, *mutatis mutandis*, ao acórdão.

A propósito, entendemos ser inaplicável ao processo do trabalho a regra do art. 943, § 1.º, do CPC, segundo o qual "*Todo* acórdão conterá ementa" (destacamos). Essa imposição parecer calhar bem somente ao processo civil, cujas causas contêm um reduzido número de pedidos. As iniciais trabalhistas, como de hábito, veiculam dezenas de pedidos; mesmo que a ementa devesse tratar, apenas, das matérias principais, acabaria sendo extremamente longa. A ementa, no processo do trabalho, deve, pois, ser facultativa.